KB237512

문지스펙트럼

외국 문학선
─────────
2-022

Vergers / Les Roses

Rainer Maria Rilke

과수원 / 장미
—프랑스어로 쓴 시

라이너 마리아 릴케
김진하 옮김

문학과지성사

외국 문학선 기획위원

김주연 / 권오룡 / 성민엽

문지스펙트럼 2-022

과수원 / 장미
—프랑스어로 쓴 시

지은이 / 라이너 마리아 릴케
옮긴이 / 김진하
펴낸이 / 채호기
펴낸곳 / 문학과지성사

등록 / 1993년 12월 16일 등록 제10-918호
주소 / 서울 마포구 서교동 363-12호 무원빌딩 4층 (121-838)
전화 / 편집부 338)7224~5 영업부 338)7222~3
팩스 / 편집부 323)4180 영업부 338)7221
홈페이지 / www.moonji.com

제1판 제1쇄 / 2002년 7월 5일

값 5,000원
ISBN 89-320-1341-1
ISBN 89-320-1851-5 (세트)

ⓒ 김진하

과수원/장미

기획의 말

　　라이너 마리아 릴케(1875~1926)는 20세기의 가장 위대한 시인 중 한 사람이다. 시와 예술에 평생을 바친 그는 방대한 양의 시와 산문, 예술론을 남겼다. 영혼과 세계 내 공간에 대한 깊이 있는 통찰과 그 시적 형상화로서의 『형상시집』『신시집』, 『두이노의 비가』『오르페우스에게 바치는 소네트』 등의 걸작들, 현대인의 고독과 불안을 잘 드러낸 산문『말테의 수기』, 『로댕』 등의 뛰어난 예술론과 희곡, 단편소설 등 그는 오로지 순수한 예술에 대한 추구로 삶을 소진시켰다. 특히 그의 일생을 지배한 방랑과 여행, 많은 여인들과의 사랑과 교류, 「두이노의 비가」의 창작의 동기로 알려진 신비스러운 영감, 그리고 스스로 묘비명을 남긴 죽음의 신화 등에 의해서 대중적으로도 가장 유명하고 가장 사랑받는 시인이라는 명성을 얻었다.

　그러나 대중적으로 신화화된 시인에 대한 단순한 규정들이 시인의 중요한 면모를 종종 가리고 마는 것도 사실이다. 특히 우리에게 릴케는 오로지 독일 문학의 정통으로만 받아들여져서, 릴케가 다른 언어로, 특히 프랑스어로 창작을 하였다는 사실은 잘 알려지지 않거나 무시되고 있다. 이 점은 릴케가 프랑스어로 작품을 발표하던 당시와 마찬가지로 릴케를 그들의 고유 영역으로 흡수하려는 독일 문학계의 태도와 무관하지 않다. 당대의 독일 비평가들 중에는 프랑스어로 시를 발표하는 릴케를 비난하는 이들도 있었고, 이에 대해서 릴케는 궁색한 변명을 내놓기도 했다. 그러나 릴케의 프랑스와 프랑스어에 대한 애착은 매우 오래되고 뿌리 깊은 것이었다.

　프랑스와의 인연은 젊은 날 아직 시적 작업의 비밀에 제대로 눈뜨지 못하고 있을 때 조각가 로댕과의 만남에서부터 시작되었다. 로댕과의 만남을 통해서 비로소 릴케는 예술이라는 것이 감정의 무절제한 도취가 아니라 고된 작업의 산물임을 깨닫게 되었으며 그때부터 이미 프랑스어로 시를 쓰기를 시도하였다. 특히 말년의 대작 「두이노의 비가」와 「오르페우스에게 바치는 소네트」를 완성하고 난 1924년 이후로는 프랑스어 시에 매진하여 「과수원」과 「발레의 사행시」, 「장미」와 「창문」 등을 완성하게 된다. 그리하여 그가 남긴 프랑스어

시들은 습작과 헌시들을 모두 합하면 수백 편에 이른다. 이
는 그가 그토록 사랑하였던 프랑스어를 가지고 완성된 시를
쓰기에 이를 정도로 그 언어에 숙달하고 있었음을 보여준다.
  무엇보다도 눈여겨볼 점은 그의 프랑스어 시들이 시업의
가장 완숙기에 이루어진 성취라는 것이다. 이는 독일어 시와
프랑스어 시 사이의 우열의 문제를 떠나 시인에게서 동등한
비중을 차지하는 두 개의 언어에 대한 사랑을 보여주는 것이
라 할 수 있다. 더욱이 그 많은 프랑스어 시들 중에 독일어
시와 동일한 작품이 한 편도 없다는 점에서 프랑스어 시의
독자적 가치가 있다. 또한 수십 년에 걸친 수련을 통해 쌓은
관조와 감수성으로 획득한 언어의 섬세한 재치를 보여주지
않는 것은 하나도 없다.
  그러므로 릴케에 대한 온전한 이해를 위해서는 그의 삶과
시에 끼친 프랑스와 프랑스어의 영향을 올바로 평가해야 하
며, 특히 말년의 릴케의 시의 세계에서 프랑스어 시들이 차
지하는 비중을 제대로 고려하여야 한다. 릴케의 프랑스어 시
를 소개하는 의의는 바로 여기에 있다.

2002년 6월
기획위원

차례

과수원

1

오늘 저녁 내 마음은
추억에 잠긴 천사들에게 노래부르게 한다……
거의 내 목소리인 한 가닥 목소리가
너무도 많은 침묵에 끌려,

솟아오르며 마음먹는다.
다시는 돌아오지 않으리라고;
부드러우면서도 꺾이지 않는 이 목소리는
무엇과 하나로 합쳐질 것인가?

2

저녁 등불아, 조용한 내 속내 친구야,
내 마음은 너*에 의해 조금도 드러나지 않는다;
(어쩌면 사람들은 거기서 길을 잃으리라;) 하지만 마음의
남쪽 등성이는 부드럽게 빛을 받는다.

아, 학습용 등불아, 여전히 너는,
책을 읽는 이가 때때로 놀라서 멈추고,
너를 바라보면서 책 위에서
일손을 멈추기를 바라는구나.

(그리고 너의 단순함은 한 천사를 지워버린다.)

---

* 본 번역에서는 프랑스어의 2인칭 단수형 'tu/toi'를 '너' 혹은 '그대'로 옮
겼다. '너'로 옮길 때에는 'toi'의 직접성이 생생하지만 음조가 새되어 리
듬이 약하고, '그대'로 옮길 때에는 리듬은 살아나지만 조금 거리감이 느
껴진다. 그래서 각각의 시편에 대한 느낌에 따라서 대체로 한 행의 호흡
이 짧고 가벼운 어조일 때에는 '너'로, 길고 유장한 어조일 경우에는 '그
대'로 옮겼다. 'vous'가 단수일 경우에는 '당신'으로 옮겼다.

3

조용히 있으렴, 그 천사가 갑자기
너의 식탁으로 마음을 정하더라도;
네 빵 아래 식탁보가 만들어내는
몇 개의 주름을 살며시 지우렴.

천사가 제 차례에 맛보도록,
나날의 소박한 잔을
순수한 입술에 들어올리도록,
너의 거친 음식을 주렴.

4

그 섬세한 저울이 우리에게
격정의 무게를 알려줄 수 있도록,
우리는 얼마나 많이 꽃들에게
이상한 속마음을 털어놓았던가.

별들이 어지러이 흩어져 있어서
우리는 별들을 슬픔과 뒤섞는다.
그리고 가장 강한 사람에서부터
가장 연약한 사람에 이르기까지

아무도 우리의 변덕스러운 기분을,
우리의 반항을, 외침을 더 이상 견디지 못한다 —,
다만 지칠 줄 모르는 식탁과
(실신한 식탁인) 침대를 제외하면.

5

마치 먹기에 알맞다고
사과를 나무라듯이,
모든 일은 일어난다.
하지만 여전히 다른 위험들이 있다.

사과를 나무에 남겨두는 것,
사과를 대리석으로 조각하는 것,
그리고 마지막으로 가장 나쁜 위험은
밀랍으로 만들어져 있다고 사과를 원망하는 것.

6

아무도 모른다. 보이지 않는 속임수에
우리의 삶이 보이지 않게 굴복할 때,
보이지 않는 그분, 그가 거부하는 것이,
얼마나 우리를 지배하는지.

천천히, 유혹에 이끌리는 대로
우리의 중심이 자리를 옮긴다,
마음마저도 중심으로 갈 수 있도록:
그것은 마침내 부재(不在)의 위대한 주인.

7
손바닥

알베르 뷜리에 부부*에게

손바닥, 잠든 별들이
하늘을 향해 일어나며
주름을 남긴
구겨진 부드러운 침대.

그 침대는
그 별들이 친구별들 사이에서
영원한 비약 속에서
환하게 작열하며
쉬고 있는 그런 것인가?

아, 그 청동의 별들의
있지도 않은 무게로 가벼운,
차갑게 버려진
내 손의 두 침대여.

---

* Albert Vulliez 부부는 릴케의 지인인 듯하나 잘 알려져 있지는 않다.

8

우리의 최후의 바로 앞 단어는
비참이라는 단어이리라.
그러나 모(母)-의식 앞에서
최후의 전체는 아름다우리.

어떠한 쓰라림의 미각으로도
억누를 수 없는
욕망의 모든 노력들을
우리가 요약해야 할 것이기 때문에.

9

어떤 신을 노래한다면, 그 신은
당신에게 그의 침묵을 돌려주리라.
우리는 누구든지
침묵하는 신을 향해 나아가고 있을 뿐이니.

우리들을 전율하게 하는
그 느낄 수 없는 교류는
우리에게는 속하지 않고
어떤 천사의 유산이 되리라.

10

옳은 것은 켄타우로스,*
그는 제 힘으로 채워
막 시작된 한 세계의 계절들을
펄쩍펄쩍 뛰며 가로지른다.

제 처소에서 완전한 자는
헤르마프로디토스**일 뿐.
그 반신(半神)들의 잃어버린 반쪽을
우리는 모든 장소에서 찾아본다.

---

* Centaure: 그리스 신화에 등장하는 괴물로 상반신은 인간이고 하반신은
말이다. 산이나 숲에 살며, 성질이 거칠고 색을 밝혔다. 19세기에 프랑
스 문학에서 활발하게 탐구되었다.

** Hermaphrodite: 그리스 신화의 아프로디테와 헤르메스 사이에서 태어
난 아들로 일반적으로 본성이 이중적인, 즉 남성적이면서 여성적인 존
재에 주어지는 이름이다.

11
풍요의 뿔*

아, 아름다운 뿔이여, 어디서부터
우리의 기다림을 향해 기울어졌는가?
꽃받침 같은 술잔**의 경사면일 뿐,
쏟아지거라!

꽃이여, 꽃이여, 꽃이여,
떨어지면서, 다 익어 통통 튀는
그 많은 둥그런 과일들에게
침대를 만들어주는구나!

그리고 그 모든 것이 끝도 없이
우리에게 달려들며 뛰어오르는구나.
이미 채워진 우리 마음의
불만에 벌을 내리려고.

---

* 그리스 신화에서 제우스 신의 유모인 산양신의 뿔로서 풍요의 상징.
** calice는 이중적이다. 꽃받침인가, 술잔인가. '꽃받침 같은 술잔' 으로 옮
  긴다.

아! 너무도 넓은 뿔이여, 너로 인해
엄청난 기적이 생기는구나!
아! 사냥 나팔이여, 하늘의 숨결로
사물들을 울리는구나!

12

마치 베네치아의 유리잔이
생겨나면서부터 그 회색빛과,
회색의 마음을 빼앗아가는
흐릿한 광채를 띠듯,*

그렇게 너의 부드러운 손길은
너무나 충만한 우리 순간들의
느릿느릿한 저울이 되기를
미리 꿈꾸었던 것이다.

---

* 이탈리아의 베네치아는 예로부터 유리 공예로 유명하다. 릴케는 1912년
5~9월, 1914년 5월, 1920년 6월 중순~7월 말 등 여러 차례 베네치아에
머문 적이 있다. 독일어로 쓴 시로는 「베네치아의 늦가을Spätherbst in
Venedig」이 있다.

13
상아 단장(斷章)

제 역할 다한 후에도
어깨에 암양의 흔적을 지닌 채
다정하게 살아가는
유순한 양치기여.
양치기 노릇을 다한 후에도
누런 상앗빛을 하고서
살아가는 유순한 양치기여.
사라져간 그대의 양떼는
활기찬 방목의 휴식을
무한 속에 요약하는,
보살피는 그대 얼굴의
느릿한 우수 속에서
그대만큼이나 계속 살고 있구나.

14
여름의 행인

느릿한 여인, 행복한 여인, 우리가 탐내는 여인,
산책하는 여인이 길을 따라 오는 것이 그대는 보이는가?
그 여인은 예전의 멋진 신사들로부터
길모퉁이에서 인사를 받아야 하리라.

양산을 쓴 채, 조심스레 우아하게,
여인은 부드럽게 번갈아 그 인사를 받는다:
너무 갑작스러운 빛에 한순간 지워지며,
그림자를 끌어당기자 그로 인해 그녀는 환해진다.

애인의 한숨 위로
온 밤이 몸을 일으키고
짧은 애무가
눈부신 하늘을 가로지르네.

그것은 마치 우주 안에서
기본적인 힘이 다시
길 잃은 모든 사랑의
어머니가 되는 것 같네.

16

도자기로 빚은 아기 천사야,
한 해가 다 저물어갈 때,
어쩌다 너를 보게 되면,
우리는 네게 나무딸기를 씌워주곤 했다.

네게 그 붉은 모자를 씌우는 것이
우리에게는 너무도 부질없어 보였다.
하지만 그때부터 모든 것이 움직인다,
너의 부드러운 그 남작관*만 빼고.

그 모자는 메말랐지만 멀쩡해서
때로는 향기를 내뿜는 것 같구나.
그래 어떤 환영(幻影)을 관처럼 둘러쓰고,
네 조그만 이마는 회상에 잠겨 있구나.

---

* tortil는 남작관(男爵冠)이나 혹은 모르 Maure 사람이 밧줄 모양으로 꼬아
서 머리에 매는 수건을 말한다.

17

누가 사랑의 신전을 완성하러 올 것인가?
우리는 각자 신전의 둥근 기둥을 하나씩 가져가버린다;
그리고 끝에 가서는 신마저도 화살로
울타리를 넘어뜨리는 것에

모든 사람이 놀라게 된다.
(그렇게 우리는 신을 알게 된다.)
그리고 그 체념의 벽 위에서
탄식이 싹튼다.

18

서둘러 가는, 달려가는 물 —,
방심한 대지가 마시는 건망증 심한 물이
한순간 내 움푹한 손 안에서 망설인다.
        회상해보렴!

맑고 재빠른 사랑, 무관심,
흘러가버리는 거의 부재에 가까운 것,
그대는 너무도 자주 오고 너무도 자주 떠난다.
        그 사이에서 얼마간의 머무름이 흔들린다.

19
에로스*

I

아! 그대, 이길 때 지는
놀이의 중심;
샤를마뉴**처럼, 왕처럼, 황제처럼
그리고 신처럼 유명한 그대, ──

또한 그대는 가여운
처지에 있는 걸인,
그런데 그대를 강하게 하는 것은

---

* Eros: 그리스 신화의 우주관에서 질서 cosmos의 근본 요소. 원초적인 혼
돈에서 생성되며 우주의 응집과 종의 재생을 보장하는 인력을 표상한
다. 나중에는 아프로디테 Aphrodite와 아레스 Arès의 아들로서 사랑의
신으로 통하게 된다. 화살로 사랑병을 앓게 만드는 날개 달린 미소년의
모습으로 나타나며 프시케 Psyché와의 목가적인 사랑의 이야기가 문학
작품에 자주 등장한다.
** 중세 프랑크 왕국의 샤를 1세(742~814)로서 재위 기간 중에 여러 지역
을 정벌하였으며 800년에는 서로마 황제 칭호를 받았다. '샤를마뉴
Charlemagne'는 '위대한 샤를'이라는 뜻으로 독일어로는 '카알 대제
Karl der Grosse'라고 한다.

바로 그대의 여러 모습. ─

이 모든 것이 최선을 위함이리라.
하지만 그대는, *우리 내면에서*(이것은 더 나쁘다)
수놓은 캐시미어 숄의
시커먼 한가운데 같구나.

        II

아, 격렬하고 위험한 움직임으로
그의 얼굴을 가리기 위해 모든 것을 다 하자.
가라앉힐 수 없는 그의 불길을 달래려면
세월의 깊은 곳으로 물러나게 해야 한다.

그는 너무나 가까이 우리에게 다가와서
제가 부리는 사랑하는 존재와 우리를 갈라놓는다.
그는 우리가 건드리기를 바라는데,

표범들이 사막에서 스치는 것은 바로 야만의 신이다.

수많은 수행원과 함께 우리 마음속으로 들어와서
그는 그곳이 아주 눈부시게 빛나길 바란다. —
그러고 난 다음 그는, 미끼를 건드리지도 않고
덫에서 빠져나가듯, 달아나버린다.

           III

저기, 포도 덩굴 아래, 이파리 사이에 있는
그를 알아보게 될 때가 있다:
몽매한 아이의 그 촌스러운 이마와
훼손된 고대인의 입을 가진 그이를……

그이 앞에 있는 포도 송이는 무거워져서
제 무거움에 지쳐 보이고,
짧은 한순간 우리는 이 기만적인

행복한 여름의 공포를 스친다.

그리고 자랑스레 장식한 온갖 열매에다
꾸밈없는 미소를 불어넣을 때,
그는 주변 어디에서나 달콤하게 흔들며
그를 잠재우는 간계를 알아차린다.

IV

정확한 저울을 들고 있는 것은 정의가 아닙니다.
우리의 잘못들의 무게를 달고,
그가 죽이고 갈아 부수는 두 개의 심장으로
아직도 더 커지기를 바라는, 자연보다도 더 큰
어마어마한 심장을 만드는 것은 바로 그대입니다.
아, 공동의 갈망을 가진 신이여……

그대는, 무심하지만 장엄하게,

입을 모욕하고 그리고 무지의 하늘을 향하여
말씀을 고양시키는군요……
그대는 부재의 조각들인 존재들을
궁극의 부재에 덧붙이면서 잘라내는군요.

20

사나운 파도가 우리를 뒤엎고
끝까지 밀어붙이기 전에,
신이여, 우리에게,
우리의 각별한 순간에 만족하소서.

한순간 우리는 일치했었다:
살아남아 삶을 지속하는 그분과
그분의 노력에
슬픈 마음이 놀라는 우리는.

21

우연한 얘깃거리들 안에
질서가 나타나도록,
여러 번의 만남에서
모든 것에 제 몫을 만들어줍시다.

주위의 모든 것이 귀기울여주기를 바라니 ──,
끝까지 들어봅시다;
왜냐하면 과수원과 길은,
언제나 우리 자신이니까!

천사들이, 신중해졌다!
나의 천사는 간신히 내게 말을 건넨다.
내가 적어도 리모주*의 법랑의 광채를
그에게 되돌려줄 수 있기를.

그리고 나의 붉은빛, 초록빛, 파란빛들이
그의 동그란 눈을 즐겁게 해주기를.
그가 그것들을 지상의 것이라고 생각한다면,
전제가 되는 하늘에게는 더욱 좋은 일.

---

* Limoges: 리무쟁 Limousin 지방의 수도. 도자기와 유약으로 유명함.

23

교황은 실상은 호사스러운데도
존경이 덜해짐이 없이,
대조라는 성스러운 법률로,
악마를 잘도 유인하게 되지요.

어쩌면 사람들은 그 유동적인 균형을
그다지 염두에 두지 않는 것 같아요.
테베레* 강에는 여러 갈래가 있는데요,
모든 흐름은 역류를 원하지요.

로댕**생각이 나네요.
그가 언젠가 남자답게 말했죠.
(우리는 샤르트르***에서 기차를 타고 있었어요)

---

* Tibre: 이탈리아 로마에 있는 강.
** Auguste Rodin(1840~1917): 근대 조각의 신기원을 이룩한 프랑스 조
각가.
*** Chartres: 보스Beauce의 수도. 외르Eure 좌안에 위치한 외르에루아르
Eure-et-Loir의 도청 소재지. 고딕 양식의 노트르담 성당 Cathédrale

성당은 너무 순결해서
거만한 바람을 일으킨다고요.

Notre-Dame으로 유명하다. 릴케는 노트르담 성당에서 로댕과 함께 강
림절 미사를 본 적이 있다.

24

그것은 우리가 모든 극단적인 힘에
어쩔 수 없이 따라야 하기 때문이에요;
크나큰 후회에도 불구하고
대담함이 우리의 문제이지요.

그 다음은, 우리가 대면하고 있는 것이
변하는 일이 종종 생겨나지요:
고요가 폭풍우가 되고,
심연이 천사의 주형(鑄型)이 되지요.

우회를 두려워하지 맙시다.
온갖 사랑의 음계로
음악이 풍부해지려면
오르간이 웅웅거려야 하잖아요.

25

반목하는 신들과 신들의 제의(祭儀)를
우리는 너무도 잘 잊어버려서,
신앙심에 젖은 영혼들의
소박한 태도를 부러워하죠.

문제는 환심을 사는 것도,
개종하는 것도 아니에요.
상보적인 질서들에
순종할 줄만 안다면요.

26
분수

나는 단 하나의 교훈만을, 그대의 교훈을 원한다,
분수여, 그대 자신 안으로 다시 떨어지는 이여,—
지상의 삶을 향한 이 천상의 회귀를 책임지는
위협받는 물의 교훈을 말이다.

아무것도 그대의 여러 웅얼거림만큼
내게 본보기가 될 수는 없다;
그대여, 아! 제 본성에 의해 저절로 파괴되는
신전의 약한 기둥이여.

그대의 추락 속에서는, 물줄기가 저마다
잘도 모양을 바꾸며 제 춤을 마무리하는구나.
나는 그대의 무수한 뉘앙스의 제자,
경쟁자라고 느낀다!

하지만 밤에, 그대의 유동하는 비약을 가로지르며
한 가닥 숨결이 끌어내는 그대 자신의 회귀가 지나갈 때,

그대를 향한 그대의 노래보다도 더 나를 결심시키는 것은
희열에 찬 침묵의 그 순간이다.

27

형이여, 아 나의 몸이여,
때로 그대와 뜻이 같다는 것은 얼마나 감미로운가.
그대의 힘으로 강해진다는 것은,
이파리, 줄기, 껍질을,
또 그대가 될 수 있는 모든 것을,
그토록 정신 가까이 있는 그대를
느낀다는 것은 얼마나 감미로운가.

하늘에 제 삶을 두려고
하늘을 향한 발걸음을 한 순간 늦추는
그 몸짓들의 나무가 된다는
그대의 분명한 기쁨 속에서
그대는, 너무도 솔직하게,
그토록 하나로 통합되어 있구나.

28
여신

잠들어 있는 텅 빈 정오에
그녀는 얼마나 여러 번 지나가는가,
육신의 의혹을 조금도
테라스에 남기지 않고.

그러나 자연이 그녀를 느끼면,
그 보이지 않는 이의 습관은
겉으로 드러난 부드러운 제 윤곽에
끔찍스러운 광채를 만들어준다.

29
과수원

I

내가 만일 빌려온 언어로 그대에게 감히 편지를 썼다면,
그것은 과수원이라는 이 전원의 명사를
사용하기 위함이었네. 이 명사의 단 하나의 제국이
오래 전부터 나를 괴롭히고 있었네.

이 명사가 담고 있는 모든 것을 말하기 위해
비틀거리는 너무 막연한 어떤 것이나,
더 나쁘게는, 가로막고 있는 울타리를
골라야 하는 시인은 가련해라.

과수원: 아! 간단하게 그대의 이름을 붙일 수 있는
리라*의 특권이여;
꿀벌들을 유인하는 유례없는 명사,
숨 고르며 기다리는 이름이여……

---

* lyra, 프랑스어로는 lyre: 고대 그리스와 아시리아 등지에서 사용한 칠현
금(七絃琴).

투명한 만큼이나 충만한,
고대의 봄을 숨기고 있는 명료한 명사,
대칭적인 음절** 속에서 모든 것을
배가시키며 풍부해지는 이름이여.

II

어떤 태양을 향하여 그 많은
무거운 욕망들이 이끌리나요?
당신들이 말하는 그 격정의
창공은 어디에 있나요?

우리 서로의 마음에 들려면

** '과수원'의 프랑스어 단어 'verger'는 철자가 g를 축으로 하여 er가 반
복되는 대칭 구조를 이루고 있다. 릴케는 'verger'라는 이 단어 자체에
매혹되었던 것이다. 그러나 발음은 '배르제'로 대칭이 아니다.

그토록 의지해야 하는가요?
대립하는 그 많은 힘으로
흔들리고 있는 대지에서
가벼워지고 또 가벼워집시다.

과수원을 잘 보세요: 그것이
무거운 것은 어쩔 수 없어요;
하지만 바로 그 불편함으로
과수원은 여름의 행복을 만듭니다.

III

아 황금빛 과수원이여, 대지는
그대의 가지들 속에서 가장 현실적이고,
그대의 그림자들이 풀밭 위에 만드는
레이스 속에서 가장 불분명하네.

우리에게 남아 있는 것과,
무게가 나가는 것과,
그리고 무한한 자애의 뚜렷한 흐름으로
자양을 주는 것이 거기서 드러난다네.

그러나 그대 중심에서는, 고요한 샘이,
해묵은 동심원 속에서 거의 잠을 자며
간신히 그 대조에 대하여 말하고,
그만큼 샘 안에 그것은 섞인다네.

IV

지혜롭고 순진해지라고
전원의 과거가 권유하는데,
더 이상 쓰이지 않는 그 모든 신들은
자기들의 은총으로 무엇을 하는가?

꿀을 모으는 곤충들의
소리에 덮인 듯,
신들은 과실들을 둥글게 빚는다;
(신성한 일거리).

왜냐하면 비록 버림받았다고 할지라도
결코 아무것도 지워지지 않기 때문이다;
때로 우리를 위협하는 신들은
할 일을 잃어버린 신들이다.

V

나의 과수원이여, 그대를 바라보면서
　　나는 추억을 품을까, 희망을 품을까?
아, 풍요로운 양떼여, 너희는 나의 주변에서 배를 채우니,
　　너희의 목동을 생각나게 하는구나.

막 시작되는 밤을 그대의 가지 틈으로
　　응시하도록 나를 내버려두렴.
그대는 일을 했다. 내게는 어느 일요일이었지, ―
　　나의 휴식, 그것은 내게 도움이 되었는가?

목동이 되는 것, 결국 그보다 더 올바른 일이 무엇인가?
　　오늘은 약간의 나의 평화가
그대의 사과들 속으로 부드럽게 들어갔을 수도 있지 않은가?
　　그대가 잘 알고 있으니, 나는 가련다……

　　　　VI

이 과수원은, 온통, 그대의 어깨를 둘러싸는
환한 원피스였지 않은가?
그리고 발 밑에 밟히는 과수원의 부드러운 풀밭이
얼마나 큰 위로를 주는지 그대는 느끼지 않았는가?

산책하는 곳에서, 얼마나 여러 번을,
과수원은 아주 커지면서 나타나곤 했던가.
그리고 망설이는 그대의 존재를 거쳐갔던 것은
그 과수원과 달아나는 시간이었다.

이따금 그대는 책을 들고 있곤 했다……
하지만 경쟁이 떠나지 않는 그대의 눈길은
느릿한 유사함들을 변화시키는 놀이를
그림자의 거울에서 좇고 있곤 했다.

VII

행복한 과수원이여, 자기의 모든 과일들의
수많은 계획들을 완성하려고 온통 긴장하고 있구나,
그리고 자기의 백년에 걸친 본능이
한순간의 젊음에 굴복한다는 것을 잘 알고 있구나.

그대의 노동은 참 아름답구나! 그대의 질서는 참 놀랍구나!
비틀린 나뭇가지들 속에서 그토록 버티어내지만,
마침내, 그 가지들의 힘에 매혹되어,
대기의 고요 속으로 넘쳐흐르는구나.

그대의 위험들과 나의 위험들은
너무도 형제 같지 않은가, 아 과수원이여, 아 나의 형제여?
멀리서부터 우리에게 불어오는 같은 바람이
우리를 다정하면서도 엄격하도록 강요하는구나.

30

조상들의 온갖 기쁨들이
우리 마음속으로 옮겨와서 쌓여 있다;
그들의 마음은 사냥에 취하고,
거의 꺼진 불 앞에서

그들의 휴식은 고요하고……
만약 메마른 여러 순간에
우리의 생명이 우리를 빠져나가도,
우리는 여전히 그들로 가득 차 있다.

그리고 얼마나 많은 여인들이,
우리 마음에서 오롯이 빠져나가야 했던가.
마치 재미없는 연극에서
막간을 틈타 빠져나가듯이 —,

이제는 아무도 원치 않고, 갖지도 않는
어떤 불행으로 치장하여, 그 여인들은,
타인의 피에 기대고 있는 듯

강인해 보인다.

그리고 아이들은, 아이들은!
운명이 거역하는 그 모든 이들은,
그럼에도 여전히 살아갈 간계를
우리 마음속에서 실행한다.

31
내면의 초상

내 마음속에서 그대를 붙들고 있는 것은
추억들이 아닙니다;
어떤 아름다운 욕망의 힘 때문에
그대는 더 이상 나의 여인이 아닙니다.

그대를 여기 있게 하는 것,
그것은 느릿느릿한 애정이
내 자신의 피 속에 그리는
격렬한 우회를 통해서입니다.

나는 그대가 나타나는 것을 보고 싶다는
욕망 없이 존재하고 있습니다;
그대를 조금 덜 잃으려면
내가 태어나는 것으로 충분했습니다.

32

달콤한 인생이 어떠했는지
어떻게 또다시 알아볼까요?
그것은 어쩌면
이 아무것도 아닌 손을

허공에서 쥐면 간직하게 되는
그 손금들과 주름살들의 모습을
내 손바닥에서
응시하면서이겠지요.

33

거룩함은 하나의 출발입니다.
우리의 어떤 것은 우리를 따라오는 대신,
거리를 두고는
하늘에 익숙해집니다.

예술과의 극단적인 만남이란
가장 달콤한 작별 인사가 아닌가요?
그리고 음악은, 우리 자신이 우리들에게
던지는 그 마지막 눈길!

하지만 얼마나 많은 항구가, 그리고 그 항구에는
얼마나 많은 문이, 혹 그대를 맞이할 것인가.
그리고 그 너머로 그대의 삶과 노력이 들여다보이는
얼마나 많은 창문들이 있는가.

폭풍우가 불어가는 데로 실려가다가,
어느 온화한 축제일에
꽃 피어나 그대의 것임을 보게 될
날개 달린 미래의 홀씨들은 얼마나 되는가.

항상 화답하는 생명들은 얼마나 되는가;
또 이 세상에 속하면서도
바로 그대의 삶이 취하는 비약을 통하여,
얼마나 크나큰 허무가 영원히 연루되는가.

우리 두 눈이 감기는 것은 슬픈 일 아닌가요?
끝나기도 전에, 잃어버리게 되는
모든 것을 보았기 때문에,
우리는 항상 두 눈을 뜨고 싶어합니다.

우리의 이가 번쩍이는 것은 끔찍하지 않은가요?
이 평화의 시기에
가족으로 살아가기 위해서는
더욱 조심스러운 매혹이 필요했을 겁니다.

하지만 우리 두 손이, 모질고도 욕심 많아,
집착하는 것은 가장 나쁜 일 아닌가요?
제물을 올리려면 두 손은
소박하고 고와야 합니다!

모든 것이 흘러가니,
흘러가는 선율을 만듭시다;
갈증을 풀어주는 그 선율은
우리를 이기겠지요.

우리를 떠나가는 것을
사랑과 예술로 노래합시다;
재빠른 출발보다도
더욱더 민첩해집시다.

37

종종 우리 앞에서
영혼-새가 날아오른다;
우리가 두꺼운 구름 아래서
걸어가는 동안에,

어느새 그 영혼의 균형을 잡아주는 것은
더욱 포근한 하늘이다.
힘이 들더라도
하늘의 정열적인 솜씨를 이용하자.

천사들 쪽에서 보면, 나무의 우듬지들은 어쩌면
하늘을 마시는 뿌리들 같고,
너도밤나무의 땅속 깊은 뿌리들은
고요한 용마루 같으리.

천사들에게 대지는, 몸처럼 충만한 하늘 앞에서,
도대체 투명하지 못한 것인가?
이 뜨거운 대지에서는
죽은 이들의 망각이 샘물 가에서 한탄하고 있다.

39

아 친구들아, 너희들 모두 중에서, 나는 누구도
거부하지 않는다; 생각할 수도 없는 생명의,
눈을 뜨고 있으면서도 머뭇거리는
부드러운 눈길에 지나지 않았던 그 행인까지도.

얼마나 여러 번 한 존재는, 본의 아니게,
명백한 한 순간을 그에게 돌려주면서,
자신의 눈이나 몸짓을 가지고
알아채기 어려운 타인의 도주를 가로막는가.

낯모르는 이들. 나날이 완성하는
우리의 운명에서 그들은 큰 몫을 차지한다.
아 조심스러운 미지의 여인아, 그대 눈길을 들어올려,
내 방심한 마음이 뚜렷해지게 해다오.

40

백조 한 마리가 온통 자기 자신으로
둘러싸인 채, 물 위에서 앞으로 나아간다,
마치 미끄러지는 그림처럼;
그렇게 어떤 순간들에는
우리가 사랑하는 존재가
하나의 움직이는 공간 전체가 된다.

그 존재는, 겹쳐져서, 다가온다,
헤엄치는 저 백조처럼,
혼란스러운 우리 영혼 위에서……
영혼은 그 존재에다
행복과 의심이라는
흔들리는 영상을 덧붙인다.

41

아! 지나칠 때는 결코 충분히 사랑하지 못했던
장소들에 대한 향수여,
잊어버린 몸짓과 보충하는 행동을
나는 나중에야 그곳들에 다시 주고 싶다!

내 발자국을 되짚어서, — 이번엔 혼자서 —
그런 여행을 달콤하게 다시 하고,
샘 가에 더 오래 미물러보고,
그 나무를 만져보고, 그 의자를 쓰다듬어보고……

모든 사람들이 다 심드렁하게 말하는
고적한 교회당에 올라가보고,
그 묘지의 철책을 밀고 들어가서
그토록 침묵하고 있는 그이와 함께 침묵하고.

세심하고 경건한 만남을 가지는 것이
중요한 시간이기 때문이 아닌가?

어떤 이가 강했던 것은 대지가 강하기 때문이고,
또 어떤 이가 탄식하는 것은 대지를 잘 모르기 때문이다.

42

오늘 저녁 어떤 것이 허공을 지나가며
머리를 숙이게 하였다;
우리는 삶이 멈춰지는
죄수들을 위하여 기도하고 싶다.
그리고 멈춰진 삶을 생각한다……

더 이상 죽음을 향하여 움직이지 않고
미래도 없는 삶을;
그 삶에서는 강해도 소용이 없고
슬퍼도 소용이 없다.

그 삶에서는 매일 낮이 제자리에서 발을 구르고,
매일 밤이 심연 속으로 떨어지고,
또 내밀한 유년의 의식이
그 지점에서 사라져버린다.

거기서는 아이를 생각하기엔 마음이 너무 늙어버린다.
삶이 적대적이어서 그런 것은 아니다;

움직일 수 없는 운명의 감옥에 갇혀
우리가 삶에 거짓말을 하기 때문이다.

43

샘 가에서 물을 마시는 말,
떨어지면서 우리를 스치는 나뭇잎,
텅 빈 손, 우리에게 말을 걸고 싶어하는
그래서 간신히 용기를 내는 입 —,

평온해지는 삶의 수많은 변화들,
졸고 있는 고통의 숱한 꿈들:
아, 마음이 편안한 자여,
피조물을 찾아 위로해주라.

44
봄

I
아! 그 모든 나무들의
악기늘 속에서 일어나는
수액의 선율이여 —,
우리의 너무도 짧은 목소리를
그 노래에 더하는구나.

그대의 오랜 단념의
여러 가지 모습들을
우리가 따라가는 것은
단지 몇 박자 동안뿐이다,
아, 풍요로운 자연이여.

우리가 침묵해야 할 때에는
다른 이들이 계속하리라……
그러나 지금 나의 이 보충하는
커다란 마음을 그대에게 주려면
어떻게 해야 하는가?

II

모든 것이 준비를 갖추고
명백한 기쁨을 향하여 가네;
대지와 나머지 모든 것이
곧 우리를 유혹하리라.

우리는 모든 것을 보고, 모든 것을 듣기 위해
잘 자리잡을 것이다;
심지어는 거절해야 할 것이고
때로는 됐어요!라고 말해야 하리라.

더욱이 우리가 그 안에 있다면;
하지만 아주 좋은 자리는
그 감동적인 연기와
조금 지나치다 싶게 정면으로 마주하고 있다.

Ⅲ

모세혈관 속 혈기*의 상승은
너무나 가팔라서 올라가지도 못할 한 해를
갑자기 노인들에게 보여준다.
그리고 노인들의 내면에서 출발을 준비한다.

노인들의 몸은 (그 몸은
이 싱싱한 자연의 약동에 온통 모욕을 당한다.
자연이 여전히 끓고 있는 그 동맥들은
성급한 순서를 잘 견디지 못함을 그 자연은 모른다)

지나치게 갑작스런 모험을 거부한다;
그리고 제 방식으로 생존을 유지하기 위해,

---

* sève는 '식물의 진, 수액'이며 비유적으로는 '정기 · 활기 · 혈기'의 뜻을
갖고 있다.

불신하면서, 뻣뻣해지는 동안,
그 몸은 쉬운 놀이를 거친 대지에 돌려준다.

IV

그 야릇한 공기가
문득 거리에 떠돌 때,
노인들과 머뭇거리는 이들을
죽이는 것은 혈기다.

제 날개를 느낄 힘이
이제는 없는 모든 이들은
그들을 대지에 섞는
이혼에 초대받는다.

가장 날카로운 창 끝으로
그들을 찌르는 것은 바로 부드러움이다.

그리고 그럼에도 저항하는 자들은
애무가 거꾸러뜨린다.

V

만약 부드러움이,
다정하고 무어라 말할 수 없어,
우리에게 두려움을 줄 수 없다면
그것이 무슨 가치가 있겠는가?

부드러움은 온갖 난폭함을
너무나 잘 뛰어넘어서,
그것이 돌진할 때면,
아무도 자신을 방어하지 못하네.

VI

겨울에는 살인적인 죽음이
집 안으로 들어온다;
그 죽음은 누이를, 아버지를 찾고
그들에게 바이올린을 켠다.

하지만 봄의 삽질 아래서
대지가 꿈틀대기 시작할 때면,
죽음은 거리로 달려나가
행인들에게 인사를 건넨다.

VII

이브를 얻은 것은
아담의 갈비뼈에서였다;
하지만 생명이 다할 때면,

죽어가면서, 어디로 갈까?

아담이 그녀의 무덤일까?
그녀가 지칠 때면,
잘 봉인된 남자의 몸 안에다
자리를 하나 마련해야 할까?

45

이 빛은 한 세계 전체를
우리에게 줄 수 있을까?
우리를 그 세계에 다시 맺어주는 것은
차라리, 흔들리면서 부드러운,
새로운 그림자인가?
그토록 우리와 닮았으면서,
어떤 낯선 버팀목 둘레를
맴돌며 흔들리는 그림자.
길과 풀밭 위에 드리운
가냘픈 이파리들의 그림자들은
느닷없이 친숙한 몸짓으로
우리를 붙잡아서는
너무나 새로운 광채와 뒤섞는다.

46

한낮의 황금빛 속으로
벽돌을 가득 실은 마차가 두 대 지나간다.
번갈아가며 요구하고 포기하는
장밋빛 색조.

어떻게 그 부드러워진 색조가 갑자기
우리와 내일 사이에서
삶의 새로운 음모를
의미하게 되는 것일까.

겨울의 한결같은 침묵이
공중에서 새 소리 지저귀는
침묵으로 바뀌었다;
달려오는 목소리마다,
거기에 윤곽을 덧붙이고,
하나의 영상을 완성한다.

그리고 이 모든 것은
우리 마음의 작용이 될 수도 있는
어떤 것의 바탕일 뿐이다.
형언할 수 없는 대범함으로 가득 찬
그 침묵의 여러 가지 그림을
우리의 마음은 잘도 뛰어넘는다.

48

안개의 가면과
초목의 가면 사이에서,
평소보다도 더 자연*이 드러나는
바로 그 거룩한 순간이다.

아, 아름다운 여인! 보라, 그녀의 어깨를
그리고 용감하게 드러내는 저 분명한 솔직함을……
이제 곧 여름이 지어내는 풍성한 작품에서
그녀는 다시 한 역할을 연기하게 되리라.

* nature는 외적인 자연이자 내적인 천성, 본성이다.

49
깃발

하늘의 파란 중립성 속에서
색깔을 변하게 할 정도로,
깃발을 고문하는 도도한 바람,
지붕 너머로 다른 나라들에까지
그것을 펴고 싶은 듯이. 공평한 바람,
온 세상의 바람, 다시 이어주는 바람,
우열 없는 몸짓들의 환기자,
아 그대, 그대는 서로 대체되는 움직임들을 일으킨다!
정지된 깃발은 완전한 방패무늬를 보여준다, ─
그러니 그 주름 속에서 침묵하고 있는 놀라운 보편성!

하지만 어떤 고장으로 바람이 잠시
자신을 알릴 때, 프랑스로 불거나,
초록빛 아일랜드의 전설의 하프들에
갑작스레 반할 때는,
얼마나 자랑스러운 순간인가.
으뜸패를 던지고는,
몸짓과 익명의 미소로,

변하는 여신의 알 수 없는 그림을
연상시키는 카드 놀이꾼처럼,
모든 그림을 다 보여주면서.

50
창문

I

우리의 거대한 삶을
힘들이지 않고 둘러싸는
창문이여, 아주 단순한 형태여,
그대는 우리의 기하학이 아닌가?

우리가 사랑하는 여인은 그대의 틀에 싸여
나타나 보일 때, 더없이 아름답다.
아 창문이여, 그것은 그대가 그녀를
거의 영원한 것으로 만들기 때문이다.

모든 우연은 사라졌다. 그 존재는
그 둘레에서는 우리가 주인이 되는
얼마 안 되는 공간과 더불어,
사랑 한가운데에 자리하고 있다.

II

창문이여, 그대여, 아, 기다림의 됫박이여,
하나의 삶이 쏟아지고
다른 삶을 향하여 애태울 때마다
그토록 여러 번 채워지는구나.

그대여, 바다처럼 변하면서,
분리하고 끌어당기는구나, —
창유리여, 갑자기, 그 너머로 보이는 것에
우리 모습이 섞여 비치는구나;

운명의 현존으로 위태로운
자유의 편린이여;
외부의 크나큰 과잉이
우리 사이에서 대등해지는 점령이여.

III

우리를 따라다니는 나날의 양식을,
그리고 너무나 부드러운 밤을,
종종 너무도 쓰라린 낮을
우리에게 담아 내주는 수직의 접시여.

푸른색 양념이 가미된
끝나지 않는 식사여 —,
싫증을 내서는 안 되지,
두 눈으로 먹어야 하리.

자두가 익어가는 동안에
얼마나 많은 요리가 우리에게 제공되는가;
아 내 두 눈이여, 장미꽃을 먹는 이여,
너희는 달빛을 마시게 되리!

51

촛불이 꺼지자,
우주 공간으로 되돌아간 방에서
자리 없는 불꽃
불의 신음이 우리를 스치네.

우리의 눈꺼풀 아래에
불꽃의 자그마한 무덤을 만들자.
그리고는 아주 친숙한 촛불의 위험을
어머니처럼 슬퍼하자.

52

그것은 오래된 풍경, 그것은 종,
너무도 순수한 저녁의 해방 ──;
그러나 우리 마음속에서 이 모든 것들은,
어떤 소식의, 어떤 온화한 모습의 다가섬을 준비한다……

멀리 있는 활과 너무 잘 찌르는 화살 사이에서,
천사를 붙잡기에는 너무도 모호한 세상과,
현존의 과잉으로, 천사를 가로막는 여인 사이에서,
그렇게 우리는 아주 기이한 곤경에 처해 살아간다.

53

우리는 여러 가지 방식으로
낱말들을 정리하고 구성한다.
하지만 어떻게 한 송이 장미와
대등해지게 될까?

만일 이 놀이의 이상한 요구를
우리가 받아들인다면,
그것은, 가끔, 어떤 천사가
그 놀이를 조금씩 어질러놓기 때문이다.

54

나는 보았다, 짐승의 눈 속에서
지속되는 평화로운 생명을,
태연한 본성의
치우침 없는 고요를.

짐승은 무서움을 안다;
하지만 곧 앞으로 나아간다.
그리고 그의 비옥한 밭에서는
다른 곳에는 관심이 없는
어떤 현존이 풀을 뜯고 있다.

55

우리의 불투명한 대상들에는
정말로 그 많은 위험이 필요한 것일까?
세계는 조금 더 확실해지면,
혼란스러워질까?

쓰러진 작은 병이여,
누가 너에게 그 얇은 바닥을 주었는가?
떠도는 너의 불행에 가볍게 흔들리며
공기는 희열에 잠겨 있는데.

56
잠자는 여인

자신의 잠 위에서 닫힌 여인의 얼굴이여,
마치 그 얼굴은 자기를 가득 채우고 있는
다른 무엇과도 닮지 않은 어떤 소리를
즐기고 있는 것 같다.

그녀는 침묵의 눈길 아래에서
잠자고 있는, 소리나는 자기의 몸으로부터
여전히 하나의 중얼거림이라는
즐거움을 끌어내고 있다.

57
암사슴

오 암사슴: 너의 두 눈 속에는
오래된 숲의 얼마나 아름다운 내면이 흘러넘치는가;
얼마나 많은 원만한 신뢰가
얼마나 많은 두려움과 섞여 있는가.

그 모든 것이, 너의 도약의
생생한 가냘픔에 실려간다.
하지만 결코 너의 이마의
그 무소유의 무지에는
아무 일도 일어나지 않는다.

58

우리 잠시 멈추어서, 이야기를 나누어봅시다.
오늘밤, 내 말을 가로막는 이는 여전히 나,
나의 말을 듣는 이는 여전히 당신입니다.

조금 후에는 다른 이들이
우리가 있는 이 고운 나무들 아래
길에서 이웃 사람들인 양 뽐낼 거예요.

59

나는 작별 인사들을 다했다. 그토록 많은 출발들이
어린 시절부터 서서히 나를 형성하였다.
하지만 나는 또 되돌아오고, 다시 시작한다.
이 솔직한 귀환이 나의 시선을 풀어놓는다.

내게 남은 일은, 그 시선을 채우는 것이다.
그리고 언제나 후회 없는 나의 기쁨은
우리를 행동하게 하는 그런 부재들과
유사한 것들을 사랑하였다는 것이다.

발레*의 사행시
──잔 드 세피뷔스-드 프뢰 부인**에게

<hr>

* Valais, 독일어로는 발리스 Wallis: 스위스의 남쪽 지방. 남쪽으로는 이탈리아, 서쪽으로는 프랑스와 레만 호수에 접해 있다. 인구의 3분의 2는 프랑스어를 쓰고 3분의 1은 독일어를 쓴다. 릴케는 1921년 이후 이곳의 뮈조 Muzot 성에 은거하며 죽은 후에는 근처에 묻힌다. 릴케는 발레 지방의 자연 풍광이 보여주는 색채나 배합에서 남부 프랑스의 프로방스 지방이나 남부 스페인을 연상하였다.

** Madame Jeanne de Sépibus-de Preux: 발레에 살던 릴케의 여자 친구.

1
작은 폭포

님프여, 벌거벗음으로
항상 옷을 갈아입으며,
둥그랗고 거친 물결로
너의 몸은 흥분하는구나.

쉼없이 너는 옷을 바꾸고,
머리 모양까지 바꾸는데,
그 많은 도피 뒤에서도, 네 삶은
여전히 순수한 현존이구나.

2

땅과 하늘 사이
도중에서 멈춘 고장,
맞아들이는 두 손을 향하여
들어올린 제물처럼,

부드러우면서 단단하고, 젊으면서 늙은,
냇물과 청동의 목소리를 가진 고장이여:
빵처럼 따뜻한
완성된 아름다운 고장이여!

3

빛의 장미여, 담벽이 하나 부서진다. ——
그러나 언덕 등성이 위에서는
그 꽃이 프로세르피나*의 자태로
고고하게, 머뭇거리고 있다.

그 포도나무의 수액 속으로
많은 그림자가 들어온 것 같다.
그리고 그 너무도 많은 광채는
포도나무 위에서 발을 굴러, 길을 잃는다.

---

* Proserpine: 로마 신화에 나오는 생성·번식의 여신. 그리스 신화의 페르
세포네.

4

주명종(奏鳴鐘)들이 추억에 잠겨 있는 동안
탑들이 버티고 있고 ─,
슬퍼하지는 않으면서, 탑들의 옛 그림자들을
슬프게 보여주는 눈길들을 간직한 옛 고을이여.

작열하는 태양이 금빛으로 물들일 때
그 많은 힘이 다 소진되는 포도나무들이여……
그리고, 우리가 알지 못하는 미래처럼,
멀리서, 빛나는 이 공간들이여.

5

송악줄 따라 만들어진 부드러운 곡선,
염소들이 가로막는 한가로운 길;
세공사는 그 아름다운 빛을
보석 하나로 감싸고 싶어한다.

포플러 나무는, 바로 제자리에서,
길게 늘어나면서 펼쳐지는
느릿한 짙은 초록에
제 수직선을 마주 세워놓는다.

6

예언가들이 입 다무는 침묵의 고장이여,
　　　포도주를 준비하는 고장이여;
여기 언덕들은 아직도 천지창조를 느끼고
　　　종말을 두려워하지 않는구나!

변모시키는 이를 바라기에는 너무나 오만한 고장이여,
　　　여름에 굴복하며,
호두나무나 느릅나무만큼이나, 반복되는 것에
　　　행복해하는 것 같구나 ―;

냇물 소리들만이 거의 유일한 소식인 고장이여,
　　　그대의 딱딱한 자음들 사이 여기저기에
모음들의 광채를 넣으며
　　　그 냇물들은 자신들을 모두 바치는구나!

7

그대는, 저기 높이, 어두운 전나무들 사이에 있는
    천사들의 방목장이 보이는가?
천상에 있는 듯한 그 목장들은 이상한 빛을 받아
    더욱더 멀어 보인다.

그래 환한 계곡 안에서 또 꼭대기에 이르기까지
    대기의 보물이 대단하구나!
공중에 떠다니며 되비치는 모든 것이
    그대의 포도주 속으로 스며들어가리라.

8

아 여름의 행복이여: 주명종이 땡땡 울린다,
　　일요일이 눈앞에 보이니까;
그리고 끌어오르는 더위는 오그라든 포도나무 주변에서
　　쑥 냄새를 풍기고 있다.

민첩한 물결들은 마비 상태에 이를 정도로
　　길을 따라 달려가기도 한다.
개방적인 힘을 가지고 있는 이 솔직한 고장에서는,
　　일요일이 정말로 뚜렷하구나!

9

날개 달린 언덕길 위에서 빛나는 것은
거의 볼 수 없는 그분이다.
그분은 이 은빛의 낮에 섞인
약간의 환한 밤으로 머물러 있다.

보아라, 그 고분고분한 윤곽 위에서
빛은 전혀 무게가 없다.
그리고 저 아래, 멀리 있는 저 마을들을
누군가 항상 다독거리고 있다.

10

아! 테레빈 나무*나 그 희미한 올리브 나무**의
고운 가지와 함께 과일들을 —,
그리고 또 너무 껴안아 으스러진,
죽어가는 꽃을 두던 이 제단들이여.

이 포도밭으로 들어가면, 풀덤불에 숨겨진
소박한 제단을 찾아내게 될까?
성모(聖母)도 주명종을 하나하나 울리며
잘 익은 제물들을 축성하리라.

---

* 향기가 강한 진액이 나오는 나무. 피스타치오 나무라고도 함.
** 물푸레나무과에 속하는 식물로 열매에서 기름을 짜서 쓴다. 유럽과 소
  아시아 등지에 널리 분포.

11

그렇더라도 우리의 양식이 되는 모든 것을
이 성소로 가져오자: 빵, 소금,
이 고운 포도를…… 그리고 어머니를
거대한 모성의 지배와 혼합하자.

이 예배당은, 세세년년,
옛날의 신들을 미래의 신들과 다시 잇고,
늙은 호두나무, 이 마술나무는
순수한 신전 같은 그늘을 드리우고 있다.

12

교회 종탑이 노래한다:

세속의 탑보다 노래를 더 잘한다.
나는 내 주명종을 익히기 위해 몸을 덥힌다.
발레의 여인들에게
종소리가 부드럽도록, 순하도록.

일요일마다, 종소리 하나하나 울릴 때,
여인들에게 나는 만나*를 던져준다;
발레의 여인들에게
내 주명종이여, 순하게 울려라.

종이여, 다정하여라, 순하게 울려라;
토요일 저녁에는 샨느**에서
발레의 남자와 여자들에게
내 주명종이 방울방울 떨어진다.

---

* manna, 프랑스어로는 manne: 성서에서 이스라엘 민족이 모세의 인도
로 이집트에서 가나안으로 갈 때에, 아라비아 광야에서 여호아가 준 음
식. 비유적으로 하늘의 선물이나 뜻밖의 은총을 일컬음.
** les channes가 무엇인지는 명확하지 않다.

<h1 style="text-align:center">13</h1>

일년은 농부의 꾸준함을
축으로 하여 돌아간다;
성모와 성 안나*는
각자 자신의 말을 한다.

더욱더 오래된
다른 말들이 덧붙여진다, ──
그래 그 말들은 모든 말을 축복한다.
그리고 대지로부터

이 유순한 초록이 빠져나온다.
그 초록은, 오랜 노력을 통하여,
우리와 죽은 자들 사이에
수확한 포도송이들을 가져다준다.

---

* 성모 마리아의 어머니.

14

높이 자란 풀들 사이에 연보라 장미 하나,
유순한 잿빛, 줄지어 선 포도밭……
하지만 언덕길 위에는, 환대하는 하늘의,
왕자 같은 하늘의 찬란함.

이 위대한 하늘을 향하여
고귀하게 층층이 늘어서는 격정의 고장,
그 하늘은 혹독한 과거가 영원토록 활기차고
조심스러워지기 시작했음을 고귀하게 이해한다.

여기서는 만물이 예전의 삶을 노래하지만,
내일을 파괴한다는 의미는 아니다;
우리는, 하늘과 바람, 손과 빵이,
시초의 힘 안에서 굳세다는 것을 간파한다.

이 오래된 윤곽선을 영원토록 정지시키면서
사방으로 번져나가는 것은 결코 어제가 아니다:
그것은 자신의 이미지에 만족하는 대지,
자기의 최초의 날에 동의하는 대지이다.

16

어떤 고요한 야상곡이, 어떤 고요가
하늘에서 내려와 우리를 꿰뚫고 지나가는가.
그 고요는 종려나무 같은 당신의 두 손에다
본질적인 그림을 다시 그려내는 것 같다.

자신의 감동한 요정을 감추려고
조그마한 폭포는 노래를 부른다……
우리는 공간이 마셔버린
부재하는 현존을 느낀다.

17

당신이 열까지 세기도 전에
모든 것이 바뀐다. 바람은
키 큰 옥수숫대 꼭대기에서
그 빛을 떼어내어

다른 데로 던진다.
그 빛은 날아올라,
벼랑을 타고
누이-빛 쪽으로 미끄러진다.

벌써, 누이-빛도
그 짓궂은 장난에 걸려
다른 높은 데로
자리를 옮긴다.

그리고 쓰다듬어진 듯한
그 넓은 표면은
어쩌면 그것을 만들어냈을
그 몸짓들 아래에서 눈부시다.

18

여름 모자 둘레에 맨
리본이 그러하듯이,
경사진 포도밭을 따라
휘돌며 놀고 있는 길.

포도밭: 포도주를 만들어내는
머리에 쓴 모자.
포도주: 내년을 위해
약속된 불타는 혜성.*

---

* 거대한 혜성이 나타난 1811년의 포도주는 특별히 맛있었다고 한다. 그래
서 '혜성의 포도주' 라는 표현이 생겨났다.

19

너무나 많은 짙은 어둠이
산을 더 나이 들어 보이게 한다;
이 유서 깊은 고장은
샤를마뉴 성인을

부계 성인 중의 하나로 여긴다.
그러나 높은 곳을 거쳐 그에게로,
비밀스러운 그의 젊음에게로,
하늘의 모든 젊음들이 내려온다.

20

다시 다물어질 순간을 기다리는
하얀 메꽃으로 얽힌
생울타리 밖으로
조그만 참으아리가 걸려 있다.

그 모양은 길을 따라서
장과(漿果)들이 붉게 물든 꽃다발을 이룬다.
벌써? 여름이 한창인가?
여름은 가을을 공모자로 삼는다.

21

하루 종일 바람이 분 후,
무한한 평화 속에서,
저녁은 얌전한 연인처럼
조화를 되찾는다.

만물이 고요해지고, 뚜렷해진다……
그러나 지평선에는 구름들의 고운 저부조(低浮彫)가,
빛을 받아 황금빛을 띠며,
층층이 펼쳐져 있다.

어머니에 대하여 말하는 이가
말하면서 어머니를 닮아가듯,
이 타오르는 고장은 한없이 추억에 잠겨
갈증을 풀고 있다.

그 순수한 공간의 시초의 몸짓 아래로
언덕 등성이들이 되돌아가는 동안에.
그 몸짓은 언덕 등성이들을
태초의 놀라움으로 되돌려놓는다.

23

이곳에서 지구는 천체라는 제 역할에
알맞은 것으로 둘러싸여 있다;
부드럽게 모욕을 당하여,
대지*는 후광에 싸여 있다.

하나의 시선이 도약할 때: 이 순수한 거리들을 통하여
그것은 얼마나 잘 날아오르는가;
그 거리를 재려면
꾀꼬리 목소리가 있어야 하리라.

---

* 프랑스어로 'la terre' 는 '지구' 라는 뜻과 함께 '대지·땅' 이라는 뜻도 가
지고 있다.

24

아직도 여기서는 은빛 나는 시간의 순수한 금속이,
부드러운 저녁빛에 섞여 있다.
그것은 느릿느릿한 아름다움에
음악적 고요의 느릿느릿한 귀환을 덧붙인다.

오래된 대지가 다시 기운을 차리고 변화한다:
어떤 순수한 별은 우리의 노동 후에도 살아 있는 것이다.
흩어진 소리들은 낮 시간이 지나면 가지런히 정돈되고,
모두 냇물 소리 속으로 되돌아간다.

25

먼지투성이의 길을 따라
초록이 잿빛에 가까워진다;
그러나 그 잿빛은, 유순하면서도,
은빛과 푸른빛을 담고 있다.

더 높은 곳, 다른 면에서는,
거의 초록에 가까운 검은색 앞에서
버드나무가 바람결에 이파리들의
환한 뒷면을 보여주고 있다.

그 곁에는, 너무나 추상적인 초록이,
환영처럼 보이는 엷은 초록이,
세월이 무너뜨리는 탑을
체념의 바탕색으로 둘러싸고 있다.

그 탑들의 오만한 체념,
그렇기는 하지만 그 탑들은
—언제인가부터 항상—
자신들의 허공의 삶을 회상하고 있다.

파고드는 빛과 맺는
그 수없이 많은 관계가
그 탑들의 재료를 더 더디게 하고
쇠락을 더욱 분명하게 만든다.

27

탑들, 초가집들, 벽들,
사람들이 포도밭의 행복을 위해
지정해둔 토지조차도
단단한 성질을 가지고 있다.

그러나 그런 엄격함에게
부드러움을 설교하는 빛은
속이 꽉 찬 이 모든 사물들에게
복숭앗빛 표면을 만들어준다.

일하면서 노래부르는 고장,
일하는 행복한 고장;
냇물들이 노래를 이어가는 동안
포도나무는 하나하나 싹을 틔운다.

입다물고 있는 고장. 냇물들의 노래는
침묵의 넘쳐남일 뿐이므로,
리듬에 맞추어, 앞으로 나가는
단어들 사이에 있는 그 침묵의.

29

바람은 이 고장을 장인으로
늘 자신의 재료를 알고 있는 장인으로 여긴다;
재료가 아주 뜨겁다고 생각하면,
그는 어떻게 해야 할지 알고, 흥겹게 일한다.

누구도 그의 멋진 도약을 막지 못하리라;
누구도 그 맹렬한 대범함에 맞설 수 없으리라 ―,
그리고 뒤로 성큼 물러나서, 제 작품 쪽으로
공간의 맑은 거울을 내미는 것도 이 고장이다.

도망치는 대신에
이 고장은 자기 자신을 따른다;
그래서 부드러우면서 극단적이고,
위협받으면서 구원받는다.

이 고장은 열정적으로
그에게 영감을 주는 이 하늘에 빠져 있다;
이 고장은 바람을 일으키고,
산 너머에 있는 드러나지 않은 그 빛의

가장 신선한 새로움을
그 바람으로 끌어당긴다:
머뭇거리는 지평선은
껑충껑충 뛰어 그에게 다가온다.

31

두 풀밭 사이에서
어느 쪽으로도 가지 않는 길들,
그 목적지에 대해 우회한다고
사람들이 재치 있게 말할 길들,

종종 그 앞에는
순수한 공간과
계절 이외에   마주하는
다른 어떤 것도 없을 길들.

32

어떤 여신, 어떤 신이
그 얼굴의 광채를
우리가 더 잘 느끼도록
우주 공간으로 되돌아간 것일까.

녹아든 그 존재는
그의 광대한 본성의 소용돌이로
이 순수한 골짜기를
가득 채우고 있다.

신은 사랑하며, 신은 잠잔다.
참깨*로 힘을 얻은 우리는,
그 본체 안으로 들어가
그의 영혼 안에서 잠든다.

---

* "열려라, 참깨"의 인유인 듯하다.

33

영원토록 하늘을
찬양하게 될 자들:
양치기들과 포도 재배인들이
바라보았던 이 하늘.

그이들의 두 눈을 통해
저 고운 하늘과 바람,
저 하늘의 푸른 바람은
영원해질 것인가?

그리고 그 다음에는
만족하여 잠드는 신처럼
그토록 깊고 그토록 강한
하늘의 고요가 올 것인가.

34

하지만 밭을 가꾸는 이들의
눈길뿐만 아니라,
염소들의 눈길도
숭고한 나라의 느릿느릿한 면모를

완성하는 데 한몫을 한다.
사람들은 늘 그 고장을 응시한다.
마치 거기에 머무르려는 듯,
혹은 그 고장을 영원케 하려는 듯.

어떤 천사도 감히
제 화려함을 늘이기 위하여
끼여들려고 하지는 않을
아주 커다란 추억에 잠겨서.

35

관심을 잔뜩 기울이고 있는 하늘에게
이곳에서 대지가 말을 건넨다;
이 거룩한 여러 산 속에서
하늘의 추억은 대지를 뛰어넘는다.

때로 대지는 부드러워진 듯 보인다.
그래서 대지의 말이 아주 잘 들린다 —,
그러면 대지는 자신의 생명을 보여주며
더 이상 아무 말도 하지 않는다.

36

땅 가까이 날고 있는 아름다운 나비가,
관심을 기울이고 있는 자연에게
자신의 날아다니는 책의
채색 삽화들을 보여주고 있다.

다른 나비 한 마리는 우리가 향기를 맡아보는
꽃의 가장자리에서 날개를 접고 있다:
그것은 책을 읽는 순간이 아니다.
그리고 다른 많은 나비들은 또,

나부끼면서, 펄럭이면서,
푸른 조각으로 흩어진다.
바람에 날리는 연애 편지의
푸른 조각들처럼,

편지를 받을 여인은 문 앞에서
서성이고 있는데,

누군가 지금 막 써나가다가
찢어버린 그런 편지처럼.

장미

I

행복한 장미여, 너의 신선함이 때로
우리를 이토록 놀라게 하는 것은,
너 자신 속에서, 그 안에서,
꽃잎들을 포개고, 네가 쉬고 있기 때문이다.

입 끝에 가 닿는 고요한 그 마음의 사랑의 말들이,
무수히, 서로 건드리는 동안,
전체는 완전히 깨어 있고,
한가운데는 잠들어 있구나.

II

너를 본다, 장미여,
사람들이 절대로 읽지 않을
세세한 행복의 수많은 페이지를 담은
살짝 펼쳐진 책이여. 마술의 책이여,

바람이 불면 열리고,
두 눈 감고도 읽을 수 있는 책이여……
똑같은 생각들을 가졌음에 당혹해하며
나비들이 거기에서 빠져나오는구나.

III

장미여, 그대, 아, 한없이 자제하며,
한없이 퍼져나가는 탁월하게 완벽한 사물이여,
아, 지나친 감미로움에 방심한
육체의 머리여.

아 그대여, 그 떠도는 머무름의 최고의 본질이여,
어떠한 것도 그대만큼의 가치는 없구나;
앞으로 나아가기도 어려운 그 사랑의 공간을
그대의 향기는 빙빙 돌고 있구나.

IV

하지만 너의 꽃받침의 술잔을 채우라고
네게 권한 것은 바로 우리들이다.
그 꼬임에 홀린
너의 풍성함이 그것을 감행하였다.

너는 아주 풍부해서, 단 한 송이의 꽃으로
백 번이나 너 자신이 되었지;
그것은 사랑에 빠진 사람의 상태였어……
그래 너는 딴 생각을 하지 않더구나.

V

체념으로 둘러싸인 체념.
사랑의 말을 건드리는 애정……
끊임없이 자신을 애무하는 듯하는 것;
빛을 받아 반영된 자신의 모습으로

자기 자신 속에서 스스로 애무하는 것,
그것은 너의 내면이다.
그렇게 너는 소원을 이룬
나르시스의 주제를 만들어낸다.

VI

단 한 송이 장미, 그것은 모든 장미들이며
바로 이런 장미다:
대체할 수 없는 것, 완벽한 것,
사물들의 텍스트로 둘러싸인 유연한 단어.

우리의 희망들은 무엇이었는지,
계속되는 떠남 속에서
다정스런 멈춤들은 어떠했는지,
장미가 없다면 대체 어떻게 말할 것인가.

VII

신선한 맑은 장미여,
감은 내 눈에 너를 가져다대면 —,
마치 천 개의 눈꺼풀이
따뜻한 내 눈꺼풀 위에

겹쳐진 것 같구나.
나의 거짓 잠 위의 천 개의 잠,
나는 자는 척하며
향기로운 미궁 속을 배회한다.*

* 이 시는 특히 그의 유명한 「묘비명」과 같은 이미지의 연상을 보여준다.
  "장미여, 오, 순수한 모순이여,/그리도 많은 눈꺼풀 아래/누구의 것도 아
  닌 잠이고 싶은 마음이여."

VIII

안으로 무수히 겹쳐진 꽃이여,
마치 울고 있는 여인처럼,
너무나 충만한 꿈으로 젖어,
아침에 너는 몸을 숙이고 있구나.

불확실한 소망 속에서,
잠들어 있는 너의 부드러운 힘들은,
뺨과 가슴 사이에서
그 연약한 형체를 펼쳐놓는구나.

IX

장미여, 아주 정열적이지만 명석해서,
로즈 성녀*의 성유물함이라고
불러야 할 것 같구나…… 벌거벗은 성녀의
그 아찔한 향기를 퍼뜨리는 장미여.

더 이상 결코 유혹당하지도 않으면서,
그 내면의 평화로 당황하게 하는 장미여.
이브에게서, 그녀의 최초의 경고에서 아주 멀리 있는
최후의 애인이여 ─, 한없이 상실을 소유하는 장미여.

---

* 본명은 이자벨 드 플로레스 **Isabel de Flores**(1586~1617)로서 도미니카회
의 제3회원. 극도의 금욕 속에서 가시관을 쓴 채 고행했으며, 1671년에
성인품에 오른다. 페루 출신으로 '리마의 장미 Santa Rosa de Lima'라고
불린다.

X

어떤 존재도 남아 있지 않은 시간의,
모든 것이 쓰라린 마음을 거부하는 시간의 애인;
공중에 떠도는 그 많은 애무를
그 현존으로 증언하는 위안의 여인.

우리가 살아가는 것을 포기할지라도,
있었던 일과 일어날 수 있는 일을 부정할지라도,
우리 곁에서 요정의 작품을 만들고 있는
이 고집스런 애인을 아주 많이 생각하자.

XI

완벽한 장미여, 그대의 존재를
나는 너무나 의식하고 있어서,
기꺼이 그대를
축제처럼 들뜬 나의 가슴과 혼동한다.

장미여, 나는 마치 그대가 인생의 전부인 양
그대의 향기를 들이마신다.
그리고 나는 스스로 그러한 친구의
완벽한 친구라고 느낀다.

XII

장미여, 누구에 맞서려고
그런 가시들을
가지게 되었는가?
너무나 예민한 그대의 기쁨이
그대로 하여 그렇게
무장한 사물이 되도록
강요했던 것인가?

하지만 그렇게 과장된 무기는
누구로부터 당신을 지켜주는가?
그런 무기를 조금도 겁내지 않는
얼마나 많은 적들을
나는 당신에게서 제거해주었던가.
그런 반면, 당신은, 여름에서 가을까지,
사람들이 당신에게 쏟는
보살핌에 상처를 준다.

XIII

장미여, 그대는 현재의 우리의 격정의
열렬한 동반자가 되는 것이 더 좋은가?
행복이 다시 시작될 때
그대를 더욱 사로잡는 것은 추억인가?

향기 나는 상자 속에서나, 등불 심지 곁에서,
또는 우리가 홀로 다시 읽을 좋아하는 책 속에서
— 꽃잎마다 수의가 되어 —
행복하고 말라버린 그대를 나는 몇 번이나 보았다.

XIV

여름: 며칠 동안은
장미들과 동시대인이 되자;
봉오리가 벌어진 장미들의 영혼 주위에
떠도는 그 무엇인가를 들이마시자.

죽어가는 장미 하나하나를
속내 친구로 삼자.
그리고 부재하는 그 누이보다도 오래 살아
다른 장미들 안에서 살아가자.

XV

아 홀로 핀 풍성한 꽃이여, 그대는
그대만의 공간을 창조하는구나.
향기의 거울에
제 모습을 비춰보는구나.

그대의 향기는 다른 꽃잎들처럼
수없이 많은 그대의 꽃받침을 감싸는구나.
나는 그대를 다시 부여잡고, 그대는 비스듬히 눕는구나,
뛰어난 여배우여.

XVI

너에 대해 말하지 말자. 너의 천성에 따르면
너에 대해서는 무어라 말할 수 없다.
다른 꽃들은 식탁을 장식할 뿐인데
너는 식탁을 변모시킨다.

소박한 꽃병에 너를 꽂으면 ―,
이제 모든 것이 변한다:
그것은 어쩌면 같은 구절이리라.
그러나 그것은 천사가 노래하는 구절이다.

XVII

너의 안에서, 너보다 더, 너의 궁극의 본질을
준비하는 것은 바로 너.
너로부터 나오는 것, 그 심란한 동요,
그것은 너의 춤이다.

꽃잎은 저마다 수긍하고
눈에 보이지 않는
향기로운 몇 걸음을
바람 속에서 내딛는다.

아, 온통 여러 눈으로 둘러싸인,
눈의 음악이여,
그 한가운데서 너는
만질 수 없는 것이 되는구나.

XVIII

우리를 감동시키는 모든 것, 너는 그것을 공유한다.
그러나 너에게 무슨 일이 일어나는지, 우리는 모른다.
너의 페이지들을 모두 읽으려면
백 마리의 나비가 있어야 하리라.

너희들 중에는 사전 같은 것들이 있다;
그것들을 따서 모으는 이들은
그 책장들을 모두 다시 묶고 싶어한다.
하지만 나는 편지 같은 장미들이 좋다.

XIX

그대는 자신을 본보기로 제시하는가?
아무것도 하지 않으려고 만들어냈던
자신의 미묘한 재료를 증가시킴으로써
우리는 장미처럼 채워질 수 있을까?

왜냐하면 한 송이 장미가 된다는 것은
큰 일이 아닌 것 같으니까.
신은, 창문으로 내다보며
집을 짓고 있다.

XX

말해다오, 장미여,
그대 자신 안에 갇혀 있는
그대의 완만한 핵심이
이 산문으로 된 공간에 이 모든 대기의 흥분을
강요하는 것은 어찌된 영문인가?

몇 번이나 그 대기는 사물들이
대기에 구멍을 낸다고 주장하는가,
아니면 뾰로통해져서
씁쓸한 모습으로 나타나는가.
그런데 그대의 육신 둘레에서는,
장미여, 그 대기가 바퀴처럼 돌고 있다.

XXI

둥근 장미여, 그대를 완성하려고
그대의 꽃대 위에서 주위를 돌고 있다는 그것이
그대에게 현기증을 일으키지 않는가?
하지만 그대 자신의 비약이 그대를 온통 적실 때,

그대의 봉오리 속에서 그대는 자신을 알지 못한다.
세계는 둥글게 돌고 있다.
세계의 고요한 중심이
둥근 장미의 둥근 휴식을 감행하도록.

XXII

당신은 다시, 당신은
죽은 자들의 땅에서 나오는군요.
장미여, 당신은
황금빛 가득한 낮으로

이 확신에 찬 행복을 가져가네요.
그 움푹 파인 해골로는 결코
그것에 대해 그다지 알지 못했던
죽은 자들이 그것을 허락하나요?

XXIII

장미여, 너무 늦게 왔기에, 쓰라린 밤들이
너무나 빛나는 별빛으로 그대를 가로막는구나.
장미여, 그대 여름의 자매들의
수월한 완전한 쾌락을 짐작하겠는가?

여러 날을 또 여러 날을, 너무 세게 조여진
껍질 속에서 그대가 망설이는 것을 나는 본다.
장미여, 그대는 태어나면서부터 거꾸로
죽음의 완만함을 모방하는구나.

그대의 수없이 많은 상태는
모든 것이 뒤섞이는 혼잡 속에서,
무와 존재의 그 형언할 수 없는 일치를,
그대에게 알려주는가? 우리는 알지 못하는데.

XXIV

장미여, 사랑스러운 우아함이여,
그대를 밖에 내버려두어야만 했던가?
우리를 향한 운명이 다하는 곳에서
한 송이 장미는 무엇을 할 것인가?

돌아가야 하는 지점. 이제 그대는
우리와 더불어, 이 삶을,
그대의 나이와 다른 이 삶을
열광적으로 함께 나누는구나.

창문
──무키와 발라딘*에게

---

* Baladine Klossowska는 화가로 릴케의 연인이었으며 릴케는 발라딘 클로
소브스카를 메를린 Merline, 혹은 무키 Mouky라는 애칭으로 불렀다고 한
다(볼프강 레프만, 앞의 책, p. 537). 남편은 예술사가 에리히 클로소브스
카이다. 릴케는 1919년 6월에 제네바에서 발라딘을 알게 되었고 이후 그
와의 특별한 관계는 세상을 뜰 때까지 계속된다. 릴케는 그녀에게 많은
연애 편지를 썼으며, 그가 발레 지방을 발견하게 된 것도 그녀와의 여행
을 통해서였다.

I

우리가 잃어버린 여인이
다시 나타나는 것을 보려면,
발코니 위나, 창틀 안에서
한 여인이 망설이는 것만으로도
충분하리라……

그리고 만일 부드러운 꽃병처럼
그녀가 머리를 묶으려 팔을 들어올린다면,
그로 인하여 우리의 상실은
갑자기 얼마나 과장되는가,
우리의 불행은 얼마나 찬란해지는가!

II

이상한 창문이여, 그대는 나에게 기다리라고 한다;
벌써 그대의 연갈색 커튼이 조금 움직이고 있다.
아 창문이여, 그대의 초대를 나는 받아들여야 하는가?
아니면 거절해야 하는가, 창문이여? 나는 누구를 기다리
는가?

귀기울여 듣는 이 삶이 있기에, 상실이 완결짓는
이 충만한 마음이 있기에, 나는 온전한 것이 아닌가?
앞을 지나가는 이 길이 있기에, 나를 붙잡는
이 넘쳐나는 꿈을 그대가 줄 수 있을까 하는 의심이 있기에?

III

우리의 거대한 삶을
힘들이지 않고 둘러싸는
창문이여, 아주 단순한 형태여,
그대는 우리의 기하학이 아닌가?

우리가 사랑하는 여인은 그대의 틀에 싸여
나타나 보일 때, 더없이 아름답다;
아 창문이여, 그것은 그대가 그녀를
거의 영원한 것으로 만들기 때문이다.

모든 우연은 사라졌다. 그 존재는
그 둘레에서는 우리가 주인이 되는
얼마 안 되는 공간과 더불어,
사랑 한가운데에 자리하고 있다.

IV*

창문이여, 그대여, 아, 기다림의 됫박이여,
하나의 삶이 쏟아지고
다른 삶을 향하여 애태울 때마다
그토록 여러 번 채워지는구나.

그대여, 바다처럼 변하면서,
분리시키고 끌어당기는구나, —
창유리여, 갑사기, 그 너머로 보이는 것에
우리 모습이 섞여 비치는구나;

운명의 현존으로 위태로운
자유의 편린이여;
외부의 크나큰 과잉이
우리 사이에서 대등해지는 점령이여.

---

* 「창문」의 III과 IV 두 편은 앞의 「과수원」 속의 50번 '창문' 연작시 세 편
중 두 편과 동일하다. 전집의 형태를 존중하여 그대로 싣는다.

창문이여, 그대는 모든 것에
우리의 제의의 의미를 덧붙이므로,
서 있을 줄밖에 모르는 어떤 사람은
그대의 틀 안에서 기다리거나 생각에 잠긴다.

그런 방심한 이, 그런 게으름뱅이를
책의 지면 속에 집어넣는 것은 바로 그대.
그는 약간은 자기 자신을 닮고,
자신의 이미지가 된다.

막연한 권태 속에서 멍한 채,
아이는 거기에 기대어 서 있다.
꿈을 꾼다…… 그의 웃옷을 닳게 하는 것은,
그가 아니라, 시간이다.

그리고 사랑에 빠진 여자들이 거기에 보인다.
날개의 아름다움 때문에
핀으로 꽂혀 있는 나비들처럼
움직이지 않는 가냘픈 그 여자들이.

VI

별이 비치는 창문을, 방구석과, 침대로부터
　구별지어주는 것은 희미한 빛이었을 뿐,
　　그 창문은 낮을 알리는 인색한 창문에 굴복한다.
그러나 그 빛은 여기 달려와, 몸을 기울이고, 남아 있다.
이 천상의 새로운 젊음은, 밤을 포기한 후에,
　　제 차례를 따른다!

그 다정스런 애인이 응시하는 아침 하늘에는 아무것도 없다.
거대한 본보기인 저 하늘, 그것밖에는 아무것도:
　　깊기도 해라, 높기도 해라!
둥그런 마당을 공중에 만드는 비둘기들을 제외하면. —
부드럽게 곡선을 그리며 타오르는 듯한 비둘기들의 비행은
　　거기서 부드럽게 선회하고 있다.

　　　　　　　　　　　　　　　　(아침의 창문.)

VII

창문, 밤이 지나가며 증가시키는
길들지 않은 큰 숫자들을 모두
세어두었던 방에 더하려고
사람들이 종종 찾아가는 곳.

창문, 옛날에 한 여인이
천천히 일을 하며
젊은 처녀인 듯, 앉아 있던 곳.
고개를 떨구고 꼼짝하지도 않으며……

창문, 그 이미지 중 하나가
맑은 물병에 담겨 싹튼다.
우리 시야의 넓은 띠를
잠그는 고리쇠.

VIII

그녀는 존재의 맨 가장자리,
자기 방 창문에 기대어서,
방심하면서도 긴장한 채로
감동의 시간을 보낸다.

사냥개들이 드러누우며
발을 가지런히 모으듯,
그녀의 꿈의 본능은 가지런히 놓인
자기의 두 손, 그 고운 것들을

갑작스레 붙잡고 맞춘다.
그 바람에 나머지도 제자리를 찾는다.
팔도, 가슴도, 어깨도, 그녀 자신도
이젠 됐어! 라고 말하지 않는다.

IX

흐느낌, 흐느낌, 순수한 흐느낌이여!
창문이여, 아무도 기대지 않는구나!
나의 빗줄기로 가득 찬
달랠 길 없는 울타리여!

너무 늦게 온 것이나, 너무 일찍 온 것이
그대의 형상들을 결정한다:
커튼이여, 공허의 드레스여,
너는 그런 형상들에 옷을 입히는구나!

X

내가 나의 심연 전부를
이해했던 것은, 들이마셨던 것은
궁극의 창문에서 숙이고 있는
그대를 보았기 때문이네.

밤을 향해 뻗은 그대 두 팔을
내게 보여줌으로써
그 후로 그대는
내 마음속에서 그대를 떠난 것이
나를 떠나고, 나를 멀리하게 하였네……

그대의 몸짓은,
너무나 엄청난 작별의 증거여서,
나를 바람으로 변화시켰던 것인가,
나를 강물에 쏟아버렸던 것인가?

기타*

---

* 이 부분에는 먼저, 15편으로 이루어진 「프랑스에 바치는 애정 어린 세금」에서 세 편을 싣고 그외에 단편적으로 남은 작품들과 헌시, 초고들 중에서 임의로 몇 편을 추가하였다. 「프랑스에 바치는 애정 어린 세금」은 '뮈조, 1924년에 시작'이라고 씌어 있으며 일부는 앞의 것과 중복된다.

잠자는 남자

나를 자게 내버려두오, 조금 더 …… 그것은
잠자는 이에게 약속된 기나긴 전쟁 중의 휴전이라오;
나는 마음속에서 떠오르는 달을 숨어서 기다리고 있으니,
곧 내 마음속은 그다지 어둡지 않게 될 거요.

아 일시적인 죽음이여, 우리를 완성하는 아늑함이여,
내 절정의 한도여, 아주 올바른 심오함이여,
내 모든 피의 혼돈이여, 또한 혈기의 순수함이여,
네 안에서는, 그 뿌리에서는 내 두려움조차 두려움이 아니
구나.

내 다정한 주인 잠이여, 나를 꿈꾸게 하지 마오.
그리고 내 안에서 웃음과 눈물을 뒤섞어주오;
나를 몽롱하게 놔두오. 내면의 이브가
적대적인 격정으로 내 옆구리에서 빠져나오지 않도록.

페가수스*

힘찬 백마여, 당당하고 밝은 페가수스여,
달리고 난 뒤, 아! 너의 멈춤은 정말 아름답구나!
갑자기 뒷발로 일어선 네 발 밑에 짓밟힌 땅은
불꽃을 삼키며 물기를 내보이는구나!

정복자인 네 발굽 아래서 숫아나는 샘은,
그걸 기다리는 우리에게, 최고의 구원이구나;
샘의 부드러움이 너 자신을 압도함이 느껴지는가?
네 힘찬 모가지가 꽃들의 곡선을 배우고 있으니 말이다.

---

* **Pégase**: 그리스 신화에 나오는 날개가 돋친 신마(神馬)로 페르세우스가
메두사의 목을 자를 때 떨어진 핏방울에서 생겼다고 한다. 시적 감흥의
상징이기도 하다.

동방 박사*

동방 박사들은 무엇을
가져올 수 있었던가?
새장에 든 작은 새 한 마리,
그들의 머나먼 왕국의

거대한 열쇠 하나, ——
그리고 세번째는
그들의 집에 있는
기묘한 라벤더꽃으로

어머니가 마련한 향유(香油).
너무 적다고 비난할 것은 없다.
어린아이가 하느님이 되는 데는
그것으로 충분했으니까.

---

* 이 시에는 본래 제목이 없으나 임의로 붙여보았다.

고양이

진열창의 고양이, 어수선한 많은 물건들에게
게으른 꿈을 제공하는 영혼.
그리고 모(母)-의식으로
무의식적인 세계 전체에 참여하는 영혼.

뜨겁고 야수적인 침묵,
이 절단당한 무언에 강요되며,
사물들의 고아원을
애무에 대한 오만한 경멸로 가득 채우는……

그 영혼은 크리스탈과 도자기들, 금도금품들 사이에서
얼마나 온전한 모습으로 잠자고 있는지,
그 물건들의 균열의 애처로운 소묘는
어떤 혹독한 불행으로 서명된 것 같다.

작은 공책
―콩타 양*에게

1) 밤꾀꼬리

밤꾀꼬리여……, 무엇보다도 더
그 가슴이 열광하는구나,
사랑의 사제여, 그 예배는
격정의 예배이구나,

아, 그대를 사로잡고 있는 밤의
매력적인 트루바두르**여,
밤의 비로드 심연 위에
그대는 낭랑한 사다리를 수놓는구나.

나무들 속에서 입다물고 있는 것은

---

* 뮈조 성을 찾아간 가장 저명한 인사는 스위스 연방의 부총리 앙투안 콩타 Antoine Contat였다. 그는 릴케를 시에르 Cière에 있는 장원으로 데리고 가서 포도따기를 함께 즐겼다고 한다. Mademoiselle Contat는 앙투안 콩타의 딸인 듯하다.
** troubadour: 중세 남프랑스의 음유시인을 가리키는 말.

그대, 수액의 목소리.
그런데 밤꾀꼬리여, 그대의 제자들인 우리에게
그대는 꼭 같은 비밀을 강요하는구나.

　　2) 깨새

아 그대, 조그만 가슴이여, 혹한의 한가운데서
우리와 함께 겨울을 나는구나.
연약한 생명의 등불처럼 ―,
눈물에 젖은 나무들 위에 깃들이어 있구나;

네게 불을 밝히는 그 불꽃을
무성한 깃털 사이로 바라보나니,
안개 속에 더욱더 몸을 숨기고 있는 나도
내 몸의 불이 꺼질까봐 걱정되지는 않는구나.

깨새는 내일이면 이 눈을 두려워할까?

사실, 깨새는 공연히 몸이 굳어지고 있다.
그러나 한 가닥 불꽃이 우리를 지켜주고 있기에,
우리는 내일의 기쁨을 누리게 되리라.

납골당

이제는 날개가 부러진
승리의 여신들밖에는 없는가?
사랑은 부둥켜안은 이들을
항상 저버리는가?

죽은 샘들과 웃음들을
누가 다시 불러대는가?
그리고 이 물결은 우리를——
가장 나쁜 쪽으로 실어간다.

사람들은 아무 일도 일어나지 않도록
누군가 우리를 붙잡아주기를 바란다.
하지만 재촉하는 죽음은
머리 위에 머리를 하나씩 쌓고 있다.

두 편의 시

1

나를 사랑해다오. 너를 기쁘게 하는 그 미소가
내 입가에 조금 남아 있도록.
내 팔은 너무도 어린애 같지만, 네가 건드리면,
내일은, 완벽한 모습으로 깨어날 것이다.

얌전한 행인이나, 사랑받는 순례자를 붙잡는
그런 여자가 나는 결코 아니다.
나를 가득 채워준 분주한 하느님을
영원토록 되비추는 것으로 나는 족하다.

그래 그분이 쏟아지시어, 내 순백의 몸은
그분을 담는 항아리가 되거나 —,
아니면 목자가 솟아나는 별을 응시하듯
그분이 나를 바라보면 좋으련만.

2

내가 모르는, 너무도 가까이 있는 그 다음날이
당신 손에 의해 내게는 감춰지게 하소서;
그것은 전혀 다른 날일 것입니다; 그날의 여명은
갑작스레 솟아나 나를 눈멀게 할 것입니다.

단 한 번, 그 암담한 체념의 그늘에서
우리는 아주 강해질 것입니다.
그러나 만일 당신이 그의 집으로 나를 부르실 것이라면
내게는 그 대문을 가리고 그렇게 하십시오.

떠남

나의 애인이여, 나는 떠나야 합니다.
그곳을 지도 위에서
보고 싶으신가요?
그것은 까만 점입니다.

내 마음속에서, 만일 일이 잘 풀려
내가 성공하게 된다면,
그것은 초록색 나라에 찍힌
장밋빛 점일 것입니다.

마리 로랑생*에게

마치 지도에서
점들이 도시를 가리키듯이,
그렇게 (여기서부터
천리나 떨어진 데에)
그들의 눈은 자리잡았습니다……

그리고 그들의 신체의 움직이는 윤곽은
눈에 잘 띄지 않는 경계에서
정복자가 없는
수없이 많은 점령의
부드러운 변화를 노래합니다.

---

* **Marie Laurencin**(1885~1956): 프랑스 출신의 화가이자 조각가, 시인.
Louis Lalanne라는 이름으로 시를 발표했으며 아폴리네르의 연인이었다.
「아폴리네르와 친구들」이라는 그림으로 인해 입체파로 분류되기도 한다.

평화
──바시아노 공작 부인*에게

우리의 얼굴은 멀쩡합니다.
그러나 우리는 찢어지는 가슴을 안고
그 시대를 벗어납니다.
그때에는 아주 희귀한 용기를
많은 사람들이 공유하고 있었지요……

당신은 사람들이 그 용기를 가지고
무엇을 하기를 원하십니까?
당신 마음속의 두려움을 대신하도록
사람들이 당신에게 빌려준, 당신에게 준
누군가의 그 용기 말입니다.

미묘한 암시를 따라서
우리 마음을 다시 만듭시다.
그리고 각자 자기의 열정으로

* 마르그리트 바시아노 Marguerite Bassiano 공작 부인은 폴 발레리의 후원
자였다.

눈에 띄지 않게 잡다한
보람 없는 작품을 만들도록 합시다.

모성

나의 삶을, 너는 부재의 향기로
그것을 가득 채웠구나.
무한 속에 있는 나의 아들아,
아, 나의 실체여!

항상 무릎을 꿇고 너를 향하여
천천히 나는 나아간다.
네가 떠난 이후로
나는 무릎이 몹시 시리다.

너무나 넓은 나의 시야 속에서
이제는 아무것도 중요하지 않다.
그렇게 일찍 떠날 수도 있다니!……
이토록 뒤늦은 내가 부끄럽구나.

문법 수업

나는 그대를 저 아주 활기찬 《Ma》에 비교합니다.
그것은 또 다른 A를 만날 때의
여러 놀라움에 익숙해져서
주저 없이 남성형이 됩니다.

무방비의 그 A 앞에서
이 《Mon》은 문득 non의 어떤 것을 취합니다.
그런데 그런 술책은
그것의 즐거움을 더 늘리는 것 같습니다.*

---

* 이 시는 프랑스어의 일인칭 단수 소유형용사의 남·여성 두 형태 'mon/ma'를 모티프로 쓴 것이다. 프랑스어는 모음 충돌을 매우 기피하는 언어라서 여성형 'ma' 다음에 'a'로 시작되는 다른 단어가 오면 남성형 'mon'으로 대치한다. 그런데 릴케는 'mon'의 음성 이미지 속에서 'non(부정)'을 연상하고 있다.

세 명의 운반인

꽃을 나르는 여인
　　──장 카수*와 이다 얀켈레비치**에게

내 두 손은 이제 내 것이 아니오,
내가 방금 따 모은 이 꽃들의 것이오.
이 꽃들은 아주 순수한 상상력으로
이제는 더 이상 내 것이 아닌 이 두 손에게
다른 존재를 만들어줄 수 있을 거라오. 그러면,
고분고분한 나는, 그 다른 존재 곁에 가 있을 거요.
그 존재 곁에서, 내 옛 손에 대해 궁금해하며.
그리고 내 온 마음으로 그의 말에 귀기울이며,
그 존재를 떠나지 않을 거요.
오 경박한 여인아, 라고 그가 말하기 전에는.

---

* Jean Cassou(1897~1986): 프랑스의 작가. 국립현대미술관 관장이자 예
술비평가로 소설뿐만 아니라 회화·역사·문학에 대한 많은 저서를 남
겼다. 릴케와 교분이 있었던 것으로 알려진 그는 1936년에 『세 명의 시
인, 릴케, 밀로즈, 마차도』라는 책을 간행하였다.

** Ida Jankélévitch가 누구인지는 잘 알 수 없다. 혹시 철학자 블라디미르
얀켈레비치 Vladimir Jankélévitch(1903~1985)가 아닐까.

물을 나르는 여인
——앙드레 뷔름서 부부*에게

샘을 향해 몹시 서두르는 듯해 보였던 그대여,
내 항아리 안에 붙잡아놓은 이후로,
소박한 물이여, 어떤 고요가 그대를 사로잡고 있는데,
그대는 추억의 무게로 나를 짓누르는구나. 아무것도 잊지
말아라!라고.
왜냐하면 우리의 목마름의 비탈에서 재빠르게 그대는
자기 이야기를 해야 할 테니까, 아! 흐르는 청춘이여!
그대를 꼭 껴안는다고 해서
내가 그대의 본성에 해를 끼치게 되지는 않는다.
심지어 그대를 마시기 전에도,
내 두 입술이 얼마나 청순한지를 그대가 안다면,
그리고 내 마음이 문득 나를 뛰어넘는다면,

---

* Andre Würmser 부부는 릴케의 지인인 듯하나 잘 알려져 있지는 않다.

그것은 밤꾀꼬리의 노래 같은 것이다.
땀이란 것을 아는지 그 새한테 물어보려무나.

　　과일을 나르는 여인
　　──장 카수의 어머님께

자 일년이란 것이 이렇다.
너희들은 아무리 둥글다 해도, 머리가 아니다.
아! 완성된 과일들이여, 사람들은 저 너머에서 너희들을
생각했었다.
뿌리들 속에서 그리고 줄기의 껍질 아래서
겨울은 너희들을 상상하고, 계산했었다,
(등불을 켜고).
아 너희들, 사랑받는 작품들이여,
어쩌면 너희들은 그 모든 계획들보다 더 아름답구나.
그리고 나는, 너희들을 나른다. 너희의 무게는
지금의 나보다도 나를 더 진지하게 만드는구나.

나도 모르게 나는 알 수 없는 후회를 드러낸다.
어린 시절의 창백한 친구들을
한 명씩 안으려 하다가 놀라는
약혼녀의 후회와 비슷한 그런 후회를.

하이쿠*

그렇지만 꽃보다 과일을 나르는 것이 더 무겁네.
하지만 말을 하는 것은 나무가 아니라 —
사랑에 빠진 이.

---

* 하이쿠(俳句)는 5 · 7 · 5의 음수율을 지닌 17자로 된 일본의 정형시이다. 다수의 프랑스 시인들이 20세기에 이 장르를 시도했는데 특히 엘뤼아르 **Eluard**가 대표적이다. 그런데 그런 시도들은 대부분 5 · 7 · 5의 운율을 맞춘 것이라기보다는 간략하게 어떤 장면을 묘사하거나 어떤 느낌을 환기하는 하이쿠의 특징을 이용하고 있다. 릴케가 프랑스어로 시도한 것은 이 두 편이다.

하이쿠

스무 개의 화장품 가운데서
그녀는 가득 찬 단지를 찾고 있네:
돌이 되어버린 것을.

릴케와 프랑스어로 쓴 시

　라이너 마리아 릴케는 일찍이 우리에게 알려져 그동안 여러 작품이 번역되었고 최근에는 그의 전집이 간행되기도 했다. 그에 대한 전기[1]도 몇 편 소개되었으며 다수의 연구서와 연구 논문이 나와 있고 시인들 중에서도 그의 영향을 고백하는 이가 많다.[2] 그러므로 20세기 독일어권의 최고의 시인으로 추앙되는 그에 대해서 새삼스레 소개를 할 필요는 없을 것이다. 하지만 반세기가 넘는 동안 다양하게 수용이 이루어

---

1) H.E. 홀트후젠, 『릴케』(강두식 옮김, 기린원, 1989)와 볼프강 레프만, 『릴케, 영혼의 모험가』(김재혁 옮김, 책세상, 1997), 그리고 버틀러, 『파리 시절의 릴케』(김윤식 옮김, 서문당, 1976) 등이 있다.
2) 이미 윤동주의 「별 헤는 밤」에 그의 이름이 들어 있으며, 대표적으로 시인 김춘수를 들 수 있다. 김주연 편, 『릴케』(문학과지성사, 1981)를 볼 것.

졌음에도 불구하고 그의 면모에 대한 우리의 인식에는 모종의 편향성이 있는 것으로 보인다. 그 이유는 무엇보다도 그가 독문학자들에 의해서 독일 시인으로만 소개되고 있기 때문일 것이다.

릴케는 체코의 프라하에서 태어났으며 평생 체코 여권을 가지고 있었다. 그가 독일어로 교육을 받았고 독일 지역에서 가장 오래 살았으며 독일어로 수많은 작품을 썼다고 하더라도, 그를 독일 문학인만으로 규정할 수는 없을 것이다. 그의 삶의 이력에서 보면 그는 어느 한 곳에 정착하기보다는 전유럽을 주유하였다. 젊은 날의 짧은 결혼 생활을 빼면 그의 인생은 여행의 연속이었다. 그의 떠돌이 기질은 한 곳에 정착하는 것을 거부하였으며, 그래서 말년에는 "프랑스를 좋아하며 독일어를 사용하며 체코의 여권을 갖고 스위스(프랑스어 사용 지역)에 살고 있는 시인"[3]이라는 상황에 있게 된다. 그는 쉼 없는 여행자이자 탐구자였으며 그의 영혼은 그 어느 국적이나 풍토의 것이 아니라 범유럽적이고 보편적이었다.

특히 그의 삶과 문학에서 프랑스와 프랑스 문학이 차지하는 비중은 매우 커서 결코 소홀히할 수 없다. 그 중에서도 우

---

3) 볼프강 레프만, 앞의 책, p. 579.

선 거론되어야 할 것은 젊은 릴케에게 가장 큰 영향을 준 조각가 오귀스트 로댕(1840~1917)과의 만남이다. 이 만남은 그의 나이 27세인 1902년에 처음으로 이루어진다. 한때 로댕에게서 배웠던 아내 클라라 베스트호프를 통하여 로댕에 대해 알게 된 릴케는 출판사로부터 로댕의 전기를 청탁받고 파리로 간다. 1903년에 『로댕론』[4]을 냈으며, 1905년에는 로댕의 요청으로 로댕이 살던 뫼동으로 가서 비서일을 맡고 그 위대한 예술가의 작업의 비밀을 들여다보게 된다. 만 5년 동안 이어진 그 거장과의 교류는 1906년에 불화로 깨어졌다가 1907년에 다시 화해하여 재개되었으며, 그후 릴케는 스스로 고백하는 바와 같이 스승 로댕에 대한 존경을 잊은 적이 없다.[5]

  예술에 대한 로댕의 사상은 릴케에게 사물을 보는 새로운

---

4) 1907년에는 증보판이 나온다. 우리말 번역은 『로댕』(전광진 옮김, 범우사, 1990)과 『로댕』(안상원 옮김, 미술문화, 1998)이 있다.

5) 미술에 대한 관심은 로댕에 이어 세잔 Paul Cézanne(1839~1906)의 발견으로 이어진다. 1907년 10월 세잔의 유작전을 보고 크게 감동한 그는 아내 클라라에게 편지 형식으로 일련의 세잔 평을 보낸다. 그것은 사후에 『세잔에 대한 편지』로 간행되는데, 세잔에 대한 뛰어난 통찰을 담고 있는 것으로 알려져 있다. 우리말 번역은 『그 영혼의 푸른 불꽃』(홍동선 옮김, 책세상, 1992)으로 나와 있다.

방법을 가르쳐준다. 그때까지 주관적인 서정의 세계에 머물던 릴케의 시는 언어를 수단으로 사물을 드러내는 시도로 이어진다. 릴케의 소위 '사물시'는 전적으로 로댕의 조형 예술에서 영향을 받은 것으로서 『신시집』은 그런 탐구를 고스란히 보여주고 있다.

한편 로댕과의 만남은 파리와의 만남이기도 했다. 1902년 처음으로 그 도시를 찾게 된 이후 "12년 동안 파리는 릴케에게는 생활을 위한 지리적인 중심지였고 다른 어느 곳보다도 우위에 있던 주거지요, 운명적인 고장이었다. 잠깐 동안, 혹은 꽤 오래, 머나먼 긴 세월을 떠나 있다가도 그는 언제나 파리로 돌아오곤 하였었다."[6] 그리고 이후 그에게 운명적인 창작의 기회를 제공해준 두이노 성에서의 체류와 10년 후 뮈조 성에서의 체류, 그 사이에도 그는 줄곧 파리를 찾게 된다. 그런데 처음 파리를 찾았을 때 그가 받은 인상은 매우 비극적인 것이었다. 그것은 현대 도시의 음울한 풍경을 잘 그려낸 그의 중기의 걸작, 『말테의 수기』 허두에 드러나 있다. 그러나 이후 파리에 대한 그의 감정은 완전히 바뀌어서 마치 고향처럼 느끼게 된다.

---

6) H. E. 홀트후젠, 앞의 책, p. 97.

릴케가 프랑스와 파리, 그리고 파리의 예술가들과 맺은 관계는 매우 깊고 풍부한 것이어서 그의 삶과 문학에 심대한 영향을 끼친다. 파리에서 그는 많은 예술가들을 만났고 사교계의 많은 연인들과 사귄다. 릴케가 만난 여러 문인들 중에서 특히 소설가 앙드레 지드와의 관계는 오랜 시간에 걸친 것으로서 사후에 둘 사이에 오고간 편지들을 모은 책[7]이 출간될 정도이다. 그리고 또한 릴케는 20세기 전반기에 독일에 프랑스 문학을 가장 활발하게 소개한 번역자이자 중개자였다. 그는 앙드레 지드의 『탕아의 귀환』, 모리스 드 게랭의 『켄타우로스』, 리옹 출신의 시인 루이즈 라베의 『스물네 편의 소네트』 등을 번역했으며 그외에도 폴 클로델, 안나 드 노아유, 앙드레 모루아, 로제 마르탱 뒤 가르, 장 모레아스, 에드몽 잘루, 앙리 드 몽테를랑, 장 콕도, 장 드 라크르텔 등을 독일에 소개하였다. 또 시인 생 종 페르스를 최초로 독일에 소개한 중개자가 되기도 하였다. 그런데 그 중에서도 1921년 이후 릴케를 사로잡은 폴 발레리 Paul Valéry(1871~1945)와의 만남은 매우 인상적이고 진귀한 것이었다.

---

7) Rainer Maria Rilke, André Gide, *Correspondance, 1909~1926*, Introduction et commentaires par Renée Lang, Paris: Corrêa, 1952.

그 이후 릴케는 프랑스 시인 발레리의 세계에 푹 빠져든다. 양적으로는 얼마 되지 않지만(릴케의 다작에 비하면 더욱!) 예술적인 완벽성에 있어서는 비할 데가 없는 발레리의 작품에 릴케는 감탄하였다. 또한 당시 릴케의 정신적 공허감과 예술적 모색의 난관도 그 한 이유로 발레리는 무기력의 위기에 빠진 그를 구원해줄 어떤 희망의 가능성을 보여주었던 것이다. "나는 고독했다. 나는 기다리고 있었다. 나는 어느 날 발레리를 읽었다. 나는 나의 기다림이 끝이 난 것을 알게 되었다."[8] 그래서 그는 주저하지 않고 번역에 착수하여 그 유명한 「해변의 묘지」를 포함하고 있는 발레리의 시집 『매혹』의 독일어 번역본을 1923년에 간행한다. 그리고 이후로도 발레리 번역을 계속하여 나갔다. 그래서 플라톤의 대화 형식을 빌려 쓴 발레리의 대화편 『외팔리노스 혹은 건축에 대하여』와 『영혼과 춤』도 번역한다. 그의 말년의 작업에서는 발레리의 번역이 가장 큰 비중을 차지하고 있다고 해도 과언이 아니다. 릴케 자신도 발레리 번역을 1922년 이후의 자신의 창작물보다도 더 높이 평가하고 있으며 홀트후젠 또한 "독일 문학 중의 놀랄 만한 번역의 하나"[9]라고 쓰고 있다.

---

8) H. E. 홀트후젠, 앞의 책, p. 198.
9) H. E. 홀트후젠, 앞의 책, p. 199.

　언뜻 보기에는 릴케와 발레리는 너무도 기질이 다르다. 한쪽은 영혼과 세계 내역Weltinnenraum의 시인이며, 다른 한쪽은 정신의 시인이자 엄격하고도 명석한 지적 감수성의 시인이다. 그런데 릴케 자신이 고백하고 있는 바와 같이, 당시 예술적 모색의 난관에 봉착해 있던 그에게 발레리의 시와 사유는 하나의 구원처럼 주어졌던 것이다. 1920년대의 정신사(精神史)에서 가장 진귀한 숙명적인 상황의 하나인 이 만남[10]에 대해서 홀트후젠은 "만일 릴케 자신이 자기의 예술에서 이미 대가 혹은 완성자가 못 되어 있었더라면 우리는 발레리를 그의 생애의 말년의 지배자라고 한다 해도 무방했을 것이다"[11]라고 쓰고 있다. 한편 볼프강 레프만은 릴케 전기에서 릴케의 작품 「오르페우스에게 바치는 소네트」에 끼친 발레리의 영향을 지적하고 있다. 「오르페우스에게 바치는 소네

---

10) 그들은 1924년 봄에 발레리가 뮈조 성을 방문하면서 처음으로 만난다. 발레리는 독일어를 할 줄 몰랐지만 자신의 시를 독일어로 번역한 것에 사의를 표한다. 이후 몇 차례 만남은 릴케가 죽기 몇 달 전인 1926년 9월 스위스에 가까운 프랑스 안시Annecy에서의 만남을 마지막으로 끝을 맺는다. 당시 병이 깊어 있던 릴케와 발레리의 만남은 아름다운 한 장의 사진으로 남아 있는데, 그 사진 속에서 릴케는 병색이 보이지 않을 만큼, 그리고 그의 사진에서는 보기 드문, 환한 미소를 짓고 있다.

11) H. E. 홀트후젠, 위의 책, p. 198.

트」에는 발레리의 「오르페우스」와 「해변의 묘지」, 그리고 「영혼과 춤」 등의 분위기가 배어 있다고 레프만은 지적하고 있다. 릴케의 예술에 커다란 영향을 준 세 명의 위대한 예술가로는 청춘기에는 레오 톨스토이였고, 성년기에는 조각가 로댕이었다면, 말년에는 폴 발레리였던 것이다.

한편 릴케는 프랑스 문학을 번역하고 소개하는 데서 더 나아가 직접 프랑스어로 시를 쓰는 일에 착수한다. 사후에 묶인 그의 전집을 보면 알 수 있듯이 그는 젊은 시절부터 꾸준히 프랑스어로 습작을 시도하였다.[12] 그런데 간헐적으로 시도되던 프랑스어 시작은 1920년 발라딘 클로소브스카를 만나면서 왕성해지기 시작하였다. 브레스라우 출신으로 이혼녀였던 그녀와 릴케는 파리에서부터 안면이 있었다. 그런데 1920년 스위스 체류 중에 그녀가 살고 있던 제네바에서 그녀와 재회하게 되었던 것이다. 그 만남은 급속히 발전하여 연인 사이로 바뀌며 이후 말년까지 릴케의 삶에 큰 영향을 끼

12) 인젤 출판사Insel Verlag에서 나온 전집에 묶인 릴케의 프랑스어 시는, 각종 헌시와 습작을 포함하여 230여 쪽에 달한다. 또한 그는 프랑스어뿐만 아니라 덴마크어도 익혔으며 덴마크어로 시작을 시도한 원고들도 사후 전집에 수록되어 있다.

치게 된다. 발레의 뮈조 성을 발견하게 된 것도 그녀와 함께
한 여행 중이었다. 그리고 릴케는 그녀에게 프랑스어로 시를
써서 보내곤 하였던 것이다. 그런데 릴케가 프랑스어 시를
집중적으로 쓰기 시작한 것은 1922년 이후, 그러니까 그의
말년의 대작이자 20세기 독문학에서 가장 빼어난 성취 중 하
나인 「두이노의 비가」와 「오르페우스에게 바치는 소네트」를
완성한 이후의 일이다.

　뮈조 성에서 「비가」와 「소네트」를 쓸 무렵 릴케는 폴 발레
리의 세계에 흠뻑 빠져 있었으며, 그 두 작품을 완성하고 난
후에는 발레리의 번역과 프랑스어 시 창작에 몰두하였던 것
이다. 그래서 1926년에 파리의 NRF사에서 「과수원」과 「발레
의 사행시」를 묶어 '과수원'이라는 제목으로 발간하게 된
다.[13] 그가 프랑스어 시를 발표하게 되자 독일 문학계의 일
각에서는 독일에 대한 배반으로 받아들여 비난하는 평론가
들도 있었다. 이에 대해서 릴케는 자신의 프랑스어 시들은

---

13) 물론 「비가」와 「소네트」 이후에도 독일어 시의 창작은 계속되었으며,
　　생전에 출간되지는 않았지만, 그 성취에 있어서는 과거의 것들보다 더
　　높은 완성도에 이른 것으로 평가된다. 그 시들은 예전의 시와는 다른 편
　　안한 어조로 주로 발레 지방의 풍경에 대해서 깊은 관조의 시선으로 노
　　래하는 것들이다.

"주변적인" 작업이라고 규정하면서 해명하게 되는데, 프랑스어 시의 창작 동기를 세 가지로 밝히고 있다. 첫째는 발레에 정착한 이후 그 고장과 그곳 사람들로부터 받은 은혜에 대해서 감사의 표시를 하고 싶다는 소망이었고, 둘째는 프랑스와 그리고 그가 그토록 사랑한 파리와 더욱 뚜렷이 인연을 맺고 싶다는 바람이었다. 그리고 셋째는 자신의 독일어 시들이 프랑스어로 완벽하게 번역되지 못할 것이라는 생각에서 직접 프랑스어로 시를 썼다는 것이다.[14] 한편 그가 프랑스어 시에 착수하게 된 것은 스위스 국적을 취득하기 위함이었다고 알려져 있기도 하다.[15] 그러나 독일 문학계의 비판에 대한 그의 궁색한 변명은 공연한 불화를 피하기 위한 핑계에 지나지 않는다. 그의 프랑스어 시 창작은 오랜 시간에 걸친 작업이었으며 그가 오랜 방랑 끝에 처음으로 안정을 찾게 된 고장 발레에서 그 꽃을 피웠다고 볼 수 있다.

릴케의 프랑스어 시들은 대부분 2~3연으로 이루어져 길이가 짧으며, 각 시행의 길이도 전반적으로 짧은 것이 많아

---

14) 이상은 릴케가 취리히의 비평가 에두아르 코로디 Edouard Korrodi에게 보낸 편지에 나와 있다. 『과수원』(NRF〔Gallimard〕, 1978)의 필립 자코테 서문 참조.
15) 1972년 쇠유 Seuil에서 간행된 릴케 선집 제2권의 릴케 연보 참조.

경쾌한 느낌을 준다. 또한 등장하는 소재들도 아름다운 자연 풍광이나 일상적인 사물들, 장미·창문·손바닥 등이어서 「비가」에서 사물들을 대하는 태도와는 사뭇 다르다. 그래서 이미 우리말로 번역된 독일어 시들에 익숙한 독자들은 본 번역에서 어떤 생경함마저 느낄지 모르겠다. 그런데 바로 그 점이야말로 프랑스어 시가 갖는 특별한 의의이다. 뮈조 성에서 필생의 대작을 완성하고 난 후의 정신적인 만족감과 이완, 그리고 자신이 원하는 자연 환경 속에서 살게 된 행복감 등이 이루어낸 프랑스어 시들은 편안하면서도 풍부한 시의 세계를 이루고 있다.[16] 또한 그의 프랑스어 시들은 독일어 시들과 같은 작품이 하나도 없다는 점과, 출간된 것은 모두 완결된 연작시의 형태를 갖추고 있는 점은 프랑스어 시의 독자적 가치를 형성하게 만든다.

릴케가 10년에 걸쳐 완성한 「두이노의 비가」의 제1비가 첫 구절은 이렇게 시작된다.

---

16) 예를 들어, 문학의 연구에서 상상력의 구조와 이미지의 본질적 가치를 탐구한 가스통 바슐라르 같은 이는 『공간의 시학』 등 그의 저서 여러 곳에서 릴케의 프랑스어 시들을 인용하고 있다.

> 뉘라서, 내 울부짖은들, 들어주랴, 천사들의
> 질서로부터? 그리고 어느 한 천사가
> 느닷없이 나를 가슴에 끌어안는다 해도, 나는 사라지고 말걸,
> 보다 강한 그의 현존재로 말미암아.[17]

이 물음에는 천상과 지상 사이의 불화에 대한, 메아리 없는 노래에 대한, 길 잃은 외침에 대한 불안이 드러나 있다. 「비가」를 완성하는 데 걸린 10년은 이 질문에 응답하기 위한 모색의 시간이었다고 할 수 있다. 그런데 멀지 않은 곳에서 그와 비슷한 질문으로 개시되는 시가 있다. 그것은 릴케가 만년에 그토록 애착해 마지않았던 폴 발레리의 512행에 이르는 장시 「젊은 파르크 신」의 서두를 이루는 질문이다.

> 누가 우는가, 거기서, 한 가닥 바람이 아니라면, 이 시각에
> 홀로, 하늘 끝 금강석들과 함께 ? ……한데 누가 우는가,
> 이토록 내 가까이에서, 내가 울 이 순간에 ?[18]

17) 『두이노의 비가/오르페우스에게 바치는 소네트』(안문영 옮김, 문학과
지성사, 1991).
18) 『발레리 시전집』(박은수 옮김, 민음사, 1987).

이 두 외침, 탄식 어린 이 두 질문은 두 시인의 개성의 차이를 보여주면서 동시에 그들의 유사성을 보여주고 있다. 영혼의 시인 릴케가 "세계 내역" 안으로 천사를 적극적으로 끌어들이는 데 반해 지성의 시인 발레리는 정신 안에서 자아의 각성과 분열을 성찰하며 천사를 찾는다. 릴케의 천사가 보이는 것에서 보이지 않는 것으로의 변용을 완성한 자라면 발레리의 천사는 신 없는 천사, 비개인적 보편성에 도달한 정신의 표상이다. 아무튼 릴케의 그 탄식은 일단 「비가」의 완성 속에서 어떤 대답을 끌어내는 것으로 보인다. 폴란드의 번역가 비톨드 훌레비츠에게 보낸 편지에서 그는 "「비가」 안에서는 삶의 긍정과 죽음의 긍정은 하나라는 것이 입증되고 있다"고 썼다. "하나의 이승도 없고 하나의 저승도 없으며 커다란 통일이 있을 뿐입니다. 이 통일 안에서 우리를 뛰어넘는 존재, '천사들'이 살고 있습니다." 그렇다면 「비가」의 발표 이후에 이루어진 프랑스어 시 속에서 릴케의 그 항구적인 질문에 대한 대답은 어떤 모습을 띠고 있을까.

오늘 저녁 내 마음은
추억에 잠긴 천사들에게 노래부르게 한다……
거의 내 목소리인 한 가닥 목소리가

너무도 많은 침묵에 끌려,

솟아오르며 마음먹는다.
다시는 돌아오지 않으리라고;
부드러우면서도 꺾이지 않는 이 목소리는
무엇과 하나로 합쳐질 것인가?

「과수원」의 서두에 놓은 이 작품은 「비가」를 여는 그 외침의 변주처럼 들린다. 그런데 이제 노래를 부르는 것은, 외쳐대는 것은 '나'가 아니라 천사이다. 「비가」에서는 내 목소리에 응답을 할지 불투명했던 천사들이 이제는 내 마음속에서 노래를 부른다. "모든 것이 나의 내면에서" 이루어지는 그의 세계 내역, 다시 말해 그 천사의 공간은 그렇게 그려지는 것 같다. 그리고 그 목소리가 솟아오르며 침묵 속으로 빨려든다. 그러나 여전히 시인의 존재에 대한 시선은 날카롭다. 나의 목소리가 아닌, "거의 내 목소리"는 어떤 음성인가? 그것은 천사의 목소리인가? 인격적인 목소리가 아니라 비개인적인, 보편적인 순수한 자아의 목소리인가? 그리고 침묵 속으로 끌려드는 목소리는 시적 우주의 내적 공간 속에서 완전히 합일되는가? 아니면 아무런 응답도 없이 소멸해버리는가?

여전히 합일에 대한 불안과 의문은 남아 있지만 어조는 훨씬 편안하고 호흡은 가볍다.

「과수원」에 그려진 풍경은 일상 세계의 소재들로 이루어져 있다. 그렇지만 여전히 부재와 침묵의 세계로 나아가는 릴케의 추구에는 변함이 없다. 그가 그리는 통일의 세계는 "침묵하는 신"과 "느낄 수 없는 교류"(9)를 하는 천사의 세계이다. 이때 그가 말하는 신은 기독교적인 신이 아닌 것은 물론이다. 또한 그에게는 "존재들"도 "부재의 조각들"일 뿐(19, IV)이고 궁극적으로는 모두 부재와 허무일 뿐이다. 그런데 그러한 세계와의 만남은 순간적으로 이루어질 뿐이다. 사랑 혹은 에로스는 그 만남을 한편으로는 방해하면서 다른 한편으로 조장한다. 그래서 때로는 "천사를 붙잡기에는 너무도 모호한 세상과,/현존의 과잉으로, 천사를 가로막는 여인 사이에서,/그렇게 우리는 아주 기이한 곤경에 처해 살아간다"(52)라고 고백하기도 한다.

「발레의 사행시」에서는 「과수원」에서보다 훨씬 평이하게 발레 지방의 자연 풍경을 노래하고 있다. 포도나무·길·언덕·냇물·하늘·바람·종탑·주명종 등 발레의 자연을 이루는 요소들은 평화롭고 고요한 풍경 속에 자리하고 있다. 그런데 릴케는 그곳에서 단순한 풍경의 묘사나 찬미를 넘어서 원초적인 침묵과 평화의 모습을 본다. 릴케는 발레에서 "천지창조"(6), "최초의 날"(15), "태초의 놀라움"(22)을 느낀다. 따라서 그곳의 공간은 단순한 자연이 아니라 어떤 신이 공간으로 변용된 것으로 나타나 보이게 되는 것이다. 그래서 그는 "신은 사랑하며, 신은 잠잔다./참깨로 힘을 얻은 우리는,/그 본체 안으로 들어가/그의 영혼 안에서 잠든다"(32)라고 노래하는 것이다.

「과수원」이나 「발레의 사행시」와는 달리 연작시 「장미」와 「창문」은 장미와 창문의 형상에 집중된 시다. 따라서 이 두 연작시는 릴케가 젊은 날 시도했던 '사물시'의 연장선에 있다고 할 수 있다. 먼저 릴케는 장미의 형상 속에서 존재의 본질적 구조를 보려 한다. 그의 묘비의 비문으로 잘 알려져 있듯이, 겹겹이 쌓인 꽃잎의 모습에서 그는 눈꺼풀을 연상하고 이어 책장이나 편지지를 연상하며, 또 그로부터 날갯짓하는 나비를 연상한다. 그런 연상들과 더불어 장미의 여러 모습들을 그려나가면서 릴케는 존재의 중심으로 가는 탐색을 보여준다. 그래서 "아, 온통 여러 눈으로 둘러싸인,/눈의 음악이여,/그 한가운데서 너는/만질 수 없는 것이 되는구나"(XVII)고 했을 때 장미의 모습은 근원적 중심의 상징으로 나타나게 된다.

열 편으로 된 연작시 「창문」역시, 창문의 형상과 창문에서 일어나는 여러 일들을 소재로 하여 존재의 알레고리를 찾아내고 있다. 창문의 사각의 틀, 유리창, 거기에 내리는 비, 혹은 창 너머로 보이는 여인 등은 각각 그 자체로 아름다운 형상이면서 동시에 존재의 양상들이다. 그래서, 예를 들어, 유리창은 거울과 달리 "그 너머로 보이는 것에/우리 모습이 섞여 비치는"(IV) 특성을 갖는다. 그것은 안과 밖의 구별이 사라지는, 단순히 사라지는 것이 아니라 구별되면서도 서로 섞이는 어떤 통일의 양상이라고 할 수 있다. 이처럼 릴케의 프랑스어 시들은 독자적 세계를 구축하고 있어서 릴케를 이해하는 또 다른 길이 된다.

본 번역에 들어 있는 다섯 개의 묶음 중에서 단지 「과수원」과 「발레의 사행시」만이 작가의 생전에 나왔는데 그것들은 둘 다 1926년 NRF에서 '과수원'이라는 제목으로 간행되었다. 생전에 출간을 준비 중이던 「장미」와 「창문」은 그가 죽은 다음 해인 1927년에 가서야 나왔다. 네덜란드의 스톨스 Stols에서 출간된 『장미』는 폴 발레리가 서문을 썼으며 『창문』은 파리의 리브레리 드 프랑스Librairie de France에서 발라딘이 그린 열 개의 에칭화를 담고 세상에 나왔다. 미완인 채로 남아 있던 「프랑스에 바치는 애정 어린 세금」과 여타의 프랑스어 시들은 1949년 비스바덴Wiesbaden에 있는 인젤 출판사의 『프랑스어로 씌어진 시』에 담겨 처음으로 소개되었다. 그리고 1955년부터 1966년까지 여섯 권으로 간행된 그의 전집에는 프랑스어로 쓴 여러 편의 헌시와 습작까지 포함되어 있다. 1972년 프랑스 쇠유에서 세 권으로 나온 릴케 선집에는 시 작품만을 모은 제2권에 「과수원」「장미」「창문」이 들어 있고, 1978년 필립 자코테의 편집으로 다시 나온 NRF의 시인 총서 『과수원』에는 「발레의 사행시」와 「프랑스에 바치는 애정 어린 세금」까지 담고 있다. 본 번역에서는 인젤 출판사의 전집을 위주로 하고 NRF의 시인 총서를 참고하였다.

폴 발레리와 라이너 마리아 릴케에 대한 나의 관심이 결국 이 번역을 내게 만들었다. 번역은 1999년 가을에 작업이 완료되어 출간을 준비 중이었으나 이런저런 사정으로 간행이 늦어졌다. 그동안 책세상에서 릴케 전집이 기획되어 '프랑스어로 쓴 시'도 김정란의 번역으로 전집 3권에 실렸다. 이에 따라 본 번역에서는 김정란의 번역을 참고하여 좀더 충실을 기하고자 하였다. 그러나 번역의 어투나 리듬에 대한 고려에서는 여전히 차이가 있다. 릴케에 대한 우리의 관심과 수용의 폭을 넓히는 데 작은 도움이 되기를 기대하지만 여전히

손길을 붙드는 데가 여러 곳이다. 훗날 좀더 맑은 언어로, 자
연스러운 노래로 옮길 수 있기를 바랄 뿐이다.

작가 연보

(＊프랑스와의 관련을 위주로 정리한 것이다.)

1875년 12월 4일 프라하에서 출생.

1897년 13살 연상의 루 안드레아스 살로메 Lou Andreas Salome(1861~1937)와 만나다.

1898년 여러 가지 글을 출간하다. 이때까지의 작품들로 릴케의 청년기는 끝난다. 12월 브레멘 근처의 예술가 마을 보릅스베데에 머문다.

1899년 4월에서 6월까지 루와 그녀의 남편 카를 안드레아스와 동행하여 첫번째 러시아 여행. 여행 중이던 4월 27일 톨스토이와 만남. 화가 레오니드 파스테르나크가 소개함. 돌아오는 길에 『기도 시집(수도사의 생활의 서)』 제1부 지음

1900년 5~8월 말, 루 살로메와 단둘이서 두번째 러시아

여행. 야스나야 폴리나야에서 톨스토이와 다시 만나다. 그 여행 후 루 안드레아스 살로메와의 교류의 제1기는 끝난다. 8월 27일에 보릅스베데에 도착. 『착한 하느님 이야기』 출간.

1901년 3월, 보릅스베데에서 알게 된 클라라 베스트호프와 결혼. 『기도 시집(순례의 서)』 제2부 지음. 12월 12일 딸 루트 릴케 출생.

1902년 보릅스베데 근처의 베스터베데에 머물다. 「보릅스베데」라는 논문 저술. 8월 말 로댕에 대한 논문을 쓸 작정으로 파리로 떠나다. 9월 1일 오귀스트 로댕 방문. 릴케의 아내 클라라는 한때 로댕의 제자였다. 1903년 3월까지 파리에 머무르다. 산문집 『최후의 사람들』을 이루는 이야기들을 쓰다. 7월 『형상시집』 출간.

1903년 『로댕론』 출간. 4월에 파리를 떠나 1905년에 돌아오다. 비아레기오에서 『기도 시집(가난과 죽음의 서)』 3부 쓰다. 『어느 젊은 시인에게 보내는 편지』의 첫 부분 쓰다. 9월에 로마로 떠나서 1904년 6월까지 머무르다.

1904년 로마에 이어 6월부터는 스칸디나비아에 체류(덴마크와 스웨덴 여행). 두 명의 친구의 집에서 초대를 받음. 2월 로마에서 『말테 라우리츠 브리게의 수기』 집필 시작. 동시에 『신시집』 몇 편 구상.

1905   독일 여기저기에 체류. 9월 파리 근교 뫼동에 있는 로댕의 집에 비서로 입주. 10월, 11월 드레스덴과 프라하에서 로댕에 대한 순회 강연. 12월 『기도 시집』 출간

1906년   두번째 순회 강연. 3월 부친 사망. 5월 중순경 로댕과 불화. 파리에 정착.

1907년   『로댕론』 증보판 발간. 6월 6일~10월 30일까지 파리에 체재. 12월 『신시집』 출간.
　　　　　장기간에 걸친 여행의 시작(1907년부터 1914년까지 북부 아프리카, 이집트, 베를린, 스페인, 베네치아 등지 여행).

1908년   5월에서 1910년 2월까지 파리 체류(비롱 호텔에 기거하며 로댕과 화해하다). 『신시집 별권』 출간, 로댕에게 헌정. 『두 편의 진혼곡』 완성.

1909년   생트 마리 드 라 메르, 액상프로방스, 아를르, 아비뇽 등지 여행. 12월 13일, 마리 드 투르 에 탁시스 공작 부인과 만남.

1910년   『말테의 수기』 완성 출간. 앙드레 지드와 만남.
　　　　　4월 베네치아와 트리에스트 사이, 아드리아 해안에 있는, 마리 드 투르 에 탁시스 공작 부인 소유의 두이노 성을 처음으로 방문.

1911년 1~3월 동안 북아프리카 여행(알제리, 튀니지, 이 집트, 룩소르, 카르낙 등). 4~7월 말까지는 파리 에 머문다. 1911년 10월 22일부터 1912년 5월 초 까지 겨울 동안 두이노 성에서 보냄. 프랑스 작가 모리스 드 게랭의 『켄타우로스』 번역.

1912년 두이노 성에서 「두이노의 비가」의 1부와 2부를 1~2월에 걸쳐 지음. 연작시 「마리아의 생애」 지 음. 『마들렌의 사랑』 번역.

1913년 스페인, 2월 25일~6월 6일 파리에 체재. 『포르투 갈인의 편지』 번역. 10월 18일부터 1914년 2월 25 일까지 파리에 체류.

1914년 앙드레 지드의 『탕아의 귀향』 번역. 피아니스트 마그다 폰 하팅베르크(벤 베누타)와 만남. 5월 26 일~7월 19일 파리에 체재. 1차 대전 동안 독일, 주로 뮌헨에 머물다. 문서들은 파리에 남겨짐. 전 쟁 중에도 창작은 계속되어 이 시기에 쓴 많은 시 들이 사후 전집에 묶임.

1918년 뮌헨에서 인젤 출판사의 발행인 키펜베르크와 재 회. 『루이즈 라베의 스물네 편의 소네트』 번역.

1919년 다시 방랑 생활 시작.. 휴전 후에 스위스 초청을 받 아들여 1919년 5월 말에는 거의 최종적으로 독일 을 떠남. 스위스에서 순회 강연. 나니 분덜리 폴카

르트 부인을 알게 됨. 릴케는 자신이 바다의 여신의 이름을 따서 '니케'라고 부른 이 여인에게 적극적인 신뢰를 보냄.

1920년 투르 에 탁시스 공작 부인과 다시 만남. 메를린(발라딘 클로소브스카)과 사랑에 빠짐. 취리히 빈터투어의 사업가 베르너 라인하르트와 교류.

1921년 폴 발레리의 작품을 읽고 감명받다. 발레리의「해변의 묘지」번역. 메를린과 스위스 여행 중 발레의 뮈조 성 발견. 릴케의 뜻에 따라서 다음해 라인하르트는 시에르 근처의 뮈조의 외딴 성을 사들인다. 7월 26일 뮈조 성에 입주.

1922년 2월 7일에서 14일 사이에「두이노의 비가」완성. 2월 2일에서 23일 사이에「오르페우스에게 바치는 소네트」완성. 독일에 있는 딸의 결혼.

1923년 뮈조 성에 머무르다. 10월『비가』와『소네트』출간. 폴 발레리의 시집『매혹』번역. 발병으로 치료가 잦아짐. 12월 29일부터 다음해 1월 20일까지 몽트뢰 Montreux 근처의 발몽 Valmont에 있는 요양소에 첫번째 입원.

1924년 4월 6일 뮈조 성에서 폴 발레리와 만남. 스위스 국적을 취득하기 위해 프랑스어 시 지음. 프랑스어 시집『과수원』에 수록된 시들은 1924년 1월에서

1925년 5월 사이에 지음. 「발레의 사행시」는 1924년 8~9월에 시작. 이 기간에 말년의 가장 주목할 만한 독일어 시들이 씌어짐. 점점 심각해지는 쇠약함으로 인해 1924년 11월 24일부터 1925년 1월 25일까지 발몽 요양소에서 두번째 치료.

1925년 1925년 2월 6일 파리로 떠남. 파리에서의 마지막 체류. 모리스 베츠의 『말테의 수기』 번역 조언. 생제르맹가의 여러 살롱 방문. 10월 14일 시에르에 가기 위해 갑자기 떠남. 바트 라가츠에서의 새로운 치료는 효험이 없었음. 백혈병 징후가 뚜렷해져서 1925년 성탄절 전에 발몽으로 돌아감.

1926년 파리의 NRF사에서 「과수원」과 「발레의 사행시」를 묶어 '과수원'이라는 제목으로 발간. 6~7월 발레리의 『나르시스 단장』 번역. 발레리의 대화체 산문 『외팔리노스 또는 건축에 대하여』 번역. 9월 중순 스위스 접경 안시에서 폴 발레리와 만남. 12월 29일 백혈병으로 타계.

1927년 1월 2일, 라롱 Raron(혹은 라로뉴 Rarogne)의 조그만 묘지에 묻힘. 사후에 『장미』와 『창문』 출간. 폴 발레리의 두 편의 대화체 산문 『외팔리노스 또는 건축에 대하여』와 『영혼과 춤』 출간.